JN240272

M&A Booklet

BDD
を活かす

各種DDとの連携と応用

ビジネス・デューデリジェンス 個別編IV

PwCアドバイザリー合同会社〔編〕

中央経済社

M&Aブックレットシリーズについて

　私は約30年間M&Aの世界に身を置いている。

　この間、国内外のさまざまな企業による多くの実例が積み上がり、今では連日のようにM&Aに関連する報道が飛び交っている。一方で、「M&Aってどんなこと？」と敷居の高さを感じる方も多いのではないだろうか。

　本シリーズはこの現状に一石を投じ、学生や新社会人からM&A業務の担当者、さらにアドバイスする側の専門家など、M&Aに関心のあるすべての方々にご活用いただくことを念頭に、「M&Aの民主化」を試みるものである。

　本シリーズの特徴は、第一に、読者が最も関心のある事項に取り組みやすいよう各巻を100ページ前後の分量に「小分け」にして、M&A全般を網羅している。第二に、理解度や経験値に応じて活用できるよう、概論・初級・中級・上級というレベル分けを施した。第三に、多岐にわたるM&Aのトピックを、プロセスの段階や深度、また対象国別など、テーマごとに1冊で完結させた。そして、この"レベル感"と"テーマ"をそれぞれ縦軸と横軸として、必要なテーマに簡単にたどり着けるよう工夫をこらしてある。

　本シリーズには、足掛け5年という構想と企画の時間を費やした。発刊に漕ぎ着けたのは、ひとえに事務局メンバーの岩崎敦さん、平井涼真さん、堀江大介さんのご尽力あってこそである。加えて、構想段階から"同志"としてお付き合いいただいた中央経済社の杉原茂樹さんと和田豊さんには、厚く御礼申し上げる。

　本シリーズがM&Aに取り組むさまざまな方々のお手元に届き、その課題解決の一助になることを願ってやまない。

シリーズ監修者　福谷尚久

はじめに

　本「ビジネス・デューデリジェンス個別編シリーズ」（以下、「BDD個別編シリーズ」という）では、M&Aを進めるうえでますますその重要性が高まっているビジネス・デューデリジェンス（「ビジネスDD」）について概説する。ビジネスDDとは、概念的にいうと「M&Aにおいて経営や事業の観点から対象会社[1]や対象事業の特徴（強みや課題）を精査し、自社とのシナジー[2]がどの程度あるかを見極めること」である。しかしながら、実際にビジネスDDを実施したことがある人以外で、この概念的な一言で「ビジネスDDとはこういうことだ」と理解できる人はなかなかいないと想像する。本書では、ある意味 "わかりにくい" ビジネスDDが、他のDDにおける事項および実施者とどのように連携するのか、基本的な内容や意味合いを理解していただくこと、そして目的や買い手・売り手・対象会社の置かれた状況に応じてその在り方を変えるビジネスDDと派生型デューデリジェンスについて、基本的な内容や意味合いを理解していただくことを目的としている。

　「BDD個別編シリーズ」を継続的に読んでいただいている方には、いよいよくどい概説となっていると思われるが、大変重要な観点であるため、今一度ビジネスDDで抽出された論点の活用先について整理する。アウトプットの反映先という意味では、**図表0-1**のとおり、「企業価値の算定」「契約でのリスクヘッジ」

図表0-1：ビジネスDDのアウトプット目的

「企業価値算定」の算定根拠の提示	・ビジネスモデルや事業の収益性・将来性の分析を通じて、修正事業計画とM&Aによる価値創出（シナジー）を策定・検討 ⇒上記を1つのインプットとして、Valuationにて企業価値を算定
最終契約でのリスクヘッジ	・対象会社の事業継続性や発展に対するリスク項目（コア技術の流出、取引先の撤退等）を抽出 ⇒最終契約の論点に反映し、リスク顕在化時の特別保証や防止策を交渉
統合プラン具体化による投資目的実現への寄与	・対象会社の理解および買い手の戦略目的を踏まえ、投資後のアクションプランを具体化 ⇒統合プランの先行的な検討により、M&A目的の実現に貢献

1　被買収企業のこと。
2　2社以上の複数の企業が、M&Aなどを通じた協業・連携によって発揮することを企図し、期待する効果のこと。相乗効果（例：特定商品の相互取扱いによる売上拡大、共同調達によるコスト削減など）。

図表0-2：分析の視点の違い

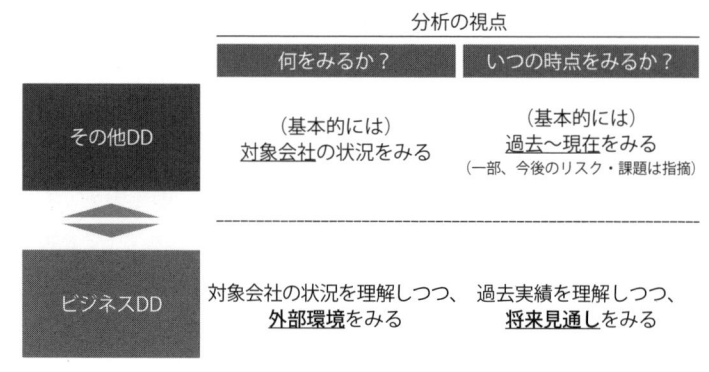

外部環境もみる／将来をみるという点が他のDDとは異なる

「統合プランの先行検討」の大きく3つの活用先があげられる。

　このような活用が期待されるビジネスDDであるからこそ、他のDDとは大きく異なる2つの特徴を有している。

　1つ目は、「分析の視点」が異なるという点である。財務や法務、税務をはじめとする他のDDは、一般に「対象会社の現在の状況」をできる限り正しく把握するため、「過去から現在」の実績の情報を用いて分析を行うことになる。今後のリスクや課題等への言及もされるが、その主たる目的は、買い手にとってM&Aを通じて達成したい目的の阻害要因となり得るリスクがないか、対象の実績をもとに調査することである。一方ビジネスDDにおいては、対象会社のみならず、それを取り巻く「外部環境」をも踏まえながら、「将来的な見通し」を見るという点で他のDDと大きく異なっている（**図表0-2**参照）。

　2つ目は、「他DDとの連関性」を示すことが強く求められるという点である。先述のとおり、ビジネスDDは、そのアウトプットを企業価値の算定や契約への反映を通じたリスクヘッジ、統合後のアクション具体化などに活用することになる。しかし、ビジネスDDに向けたインプットにおいても、M&A戦略の実現可能性を把握するための論点設計や、他のDDのアウトプットの取り込みなどが行われる。これを通じて、戦略合致性の判断や、より蓋然性のある将来像の検討がなされるのである。そのため、ビジネスDDはM&A検討の各論点とコラボレーションし、全体観を捕捉することが重要になっている（**図表0-3**参照）。

　このように、ビジネスDDがM&Aの検討プロセスにおいて果たす役割は、対象

図表0-3：分析・判断のHubとなるビジネスDD

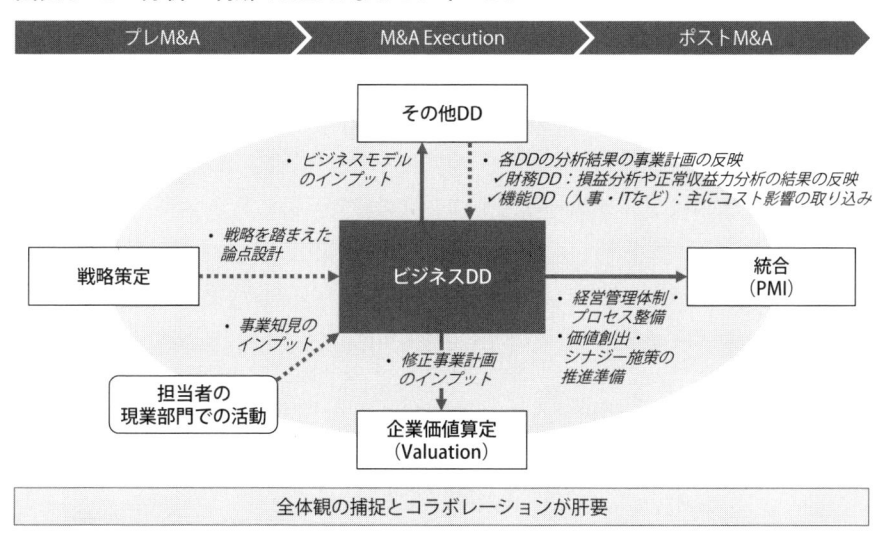

となる企業・事業のビジネス機会やリスクファクターを検知するという単純な「Fact Finding」ではなく、M&A後の将来図を強く見据えたビジネスジャッジに他ならない。そのため、DDで一般に期待される第三者的な監査でなく、将来のシナリオをマネジメント層とともに想像し、M&AあるいはM&A後の意思決定の結論につなげることが期待されるのである。

　「BDD個別編シリーズ」は4分冊で構成され、ビジネスDDの概論から個別トピックへと段階的に展開しているものの、順番に読み進めても、関心に応じて個別トピックを手に取ってもよいよう執筆に努めた。
　本書は、第4冊目にあたる。

「ビジネス・デューデリジェンス個別編シリーズ」の概要

Ⅰ BDDを知る ビジネスDDの全体像と設計
第1編 ビジネス・デューデリジェンスの全体像
ビジネスDDの本質について概観し、全体的な進め方を概説する

第2編 ビジネス・デューデリジェンスの設計
ビジネスDDにおける計画策定から対象会社の実態把握、価値創出・向上策の検討に至る一連の流れについて、分析・検証における実施内容やポイントについて概説する

Ⅱ BDDを進める 実態把握とM&Aでの活用
第1編 対象会社の実態把握―事業構造分析・業績構造分析
買収対象会社が属する市場動向や将来トレンド、業界における競争構造等を把握するための事業構造分析と対象会社自身の事業構造について、事業別・製品別・顧客別・拠点別および機能別等の視点から捉える業績構造分析について概説する

第2編 修正事業計画策定とデューデリジェンスの活用
事業構造分析・業界構造分析の結果を用いて買収対象会社の事業計画の妥当性を検証し、修正事業計画策定を検討するための方法や各種分析結果の活用方法について概説する

Ⅲ BDDを磨く シナジー検討とビジネスDD技法
第1編 シナジー分析とアクションプラン策定
買収・出資後に期待される買い手と対象会社間におけるシナジーや、その実現に向けたアクションプランの策定について概説する

第2編 ビジネス・デューデリジェンスの技法
一連のビジネス・デューデリジェンス作業を進めるうえでの情報収集のテクニックや、成果物としての表現手法などの基本的技法を紹介する

Ⅳ　BDDを活かす 各種DDとの連携と応用

第1編　財務・税務・法務・機能デューデリジェンスとの連携

ビジネスDDと同時に実施される財務・税務・法務などの各DDや、各種の機能DD（人事・ITなど）とのデューデリジェンス間の連携について概説する

第2編　ビジネス・デューデリジェンスの応用・派生

ビジネスDDの変形と応用例や属する業界によって異なるビジネスDDの主要論点について概説し、近年多様化する派生型のデューデリジェンスについても紹介する

第3編　企業ステージ別ビジネス・デューデリジェンス

スタートアップや再生局面にある企業など、対象会社のステージや状況によって異なるビジネスDDの論点を整理する。

　本シリーズで取り扱うトピックの連関性と、ビジネスDDの実務上の時系列は**図表0-4**のとおりであり、本書では関連トピックである❼と❽をカバーする。具体的には、買い手によるデューデリジェンス（DD）においてビジネスDDと同時並行で実施される、財務DD、税務DD、法務DDおよび対象会社の重要機能に合わせた機能DDとの連携の重要性を、実務的視点から概括する。そして、世の中の経営アジェンダや企業の経営課題が変容していく中で、さまざまな要素を取り込み変わりつつあるビジネス・デューデリジェンスの活用シーンや手法、派生型デューデリジェンスについて概説する。

　一見すると関連性の見えにくいトピックに感じられるかもしれない。しかし、ビジネスDDの応用・派生とは、すなわちビジネスDD実施の目的や状況の違いを示したものであり、その違いによって必然的に実施される他種DDとの連携方法が変わってくる。ぜひ、M&Aディール[3]におけるDD対象の幅の広さとそれぞれとの連携を理解していただきつつ、DD実施目的や環境に応じたビジネスDDの臨機応変な在り方を感じとっていただきたい。

3　M&A案件もしくはM&Aに係る一連のプロセス

図表0-4：ビジネスデューデリジェンスにおける本書の位置づけ

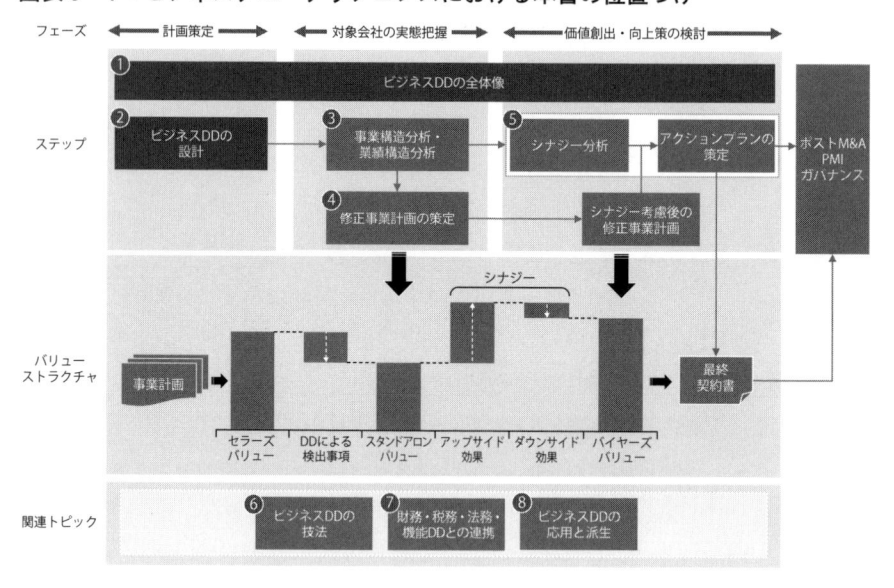

目次

第1編　財務・税務・法務・機能 デューデリジェンスとの連携

第1章　ビジネスDD以外のデューデリジェンスとの連携

第2章　各種デューデリジェンスとの連携

第2編　ビジネス・デューデリジェンス
の応用・派生

第3章　ビジネス・デューデリジェンスの応用

第4章　派生型ビジネス・デューデリジェンス

第3編　企業ステージ別
　　　　　ビジネス・デューデリジェンス

第5章　企業ステージの変容

第 1 編

財務・税務・法務・機能デューデリジェンスとの連携

第 1 章

ビジネスDD以外の デューデリジェンス との連携

1 連携の重要性

（1）各種デューデリジェンスとの関係

　ビジネスDDと並行して、財務DD、税務DD、法務DDは同じタイミングで実施されることが多い。業界や対象会社の事業特性に応じて、人事、IT、環境などの機能DDが行われることもある。**図表1-1**にて、ビジネスDDと他のDDおよびバリュエーションとの関係を図示した。例えば、過去業績の分析では財務DDとビジネスDDの連携が、人事計画や情報システム投資計画では人事DD/IT DDとビジネスDDが連携するなど、相互の協力が重要となる。これらDDの結果が、最終的に対象会社の企業価値であるバリュエーションに反映される。

（2）論点すり合わせと情報共有の重要性

　DDの実施期間は限られており、各DDでは短期間で対象会社の分析が行われる。各DDチームの担当者の負荷は相当に高い。対象会社のDD受入担当者も、各DDチームからの資料開示要求やインタビュー、質疑応答への対応により、高い負荷がかかる。このため、各DDチームの円滑な連携による効率的運営が、DD実施の鍵となる。そのためには、DD開始前のDDチーム間での論点のすり合わせや、

図表1-1：ビジネスDDと他のDDとの関係

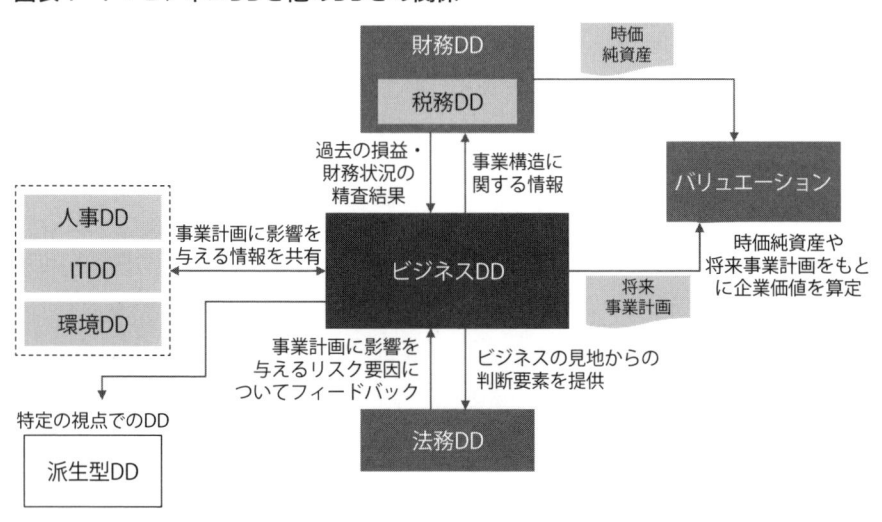

DD開始後の情報共有が重要となる。特に、DDの進捗の過程で、ビジネスDDの発見事項だけでは善し悪しの判断が難しい場合がある。例えば、情報システムの重要性が高い案件の場合、IT投資額に関してビジネスDDの分析のみならず、ITDDとの情報交換が肝要である。

　なお、各DDのスケジュールは、クロージング（M&A取引の実行）の予定日から逆算して組まれるため、いずれのDDもほぼ同様のタイミングで進行する。あるDDで検出される重要問題は、他のDDでも同様に懸念とされる場合が多く、相互に検出事項や課題を共有することで、DDの中で適切な対処が可能となる。各DDの情報をタイムリーに共有し、多角的な観点から検討を進めていきたい。

2 各種デューデリジェンスとの具体的な連携手法

（1）情報フローと体制

①効率的な体制

　一般的なDDの実施体制を**図表1-2**にて示した。各DDを統括するDD統括者のもとに、財務、税務、法務、ビジネス、人事などの各DDチームと、企業価値算定を担当するバリュエーションチームが配置されている。各DDチームは、対象会社の規模や論点に応じて、買い手内部の社員から組成されるケースや、外部の専門家に依頼するケース、それらを混成で組成するケースもある。外部の専門家

図表1-2：DD実施体制図

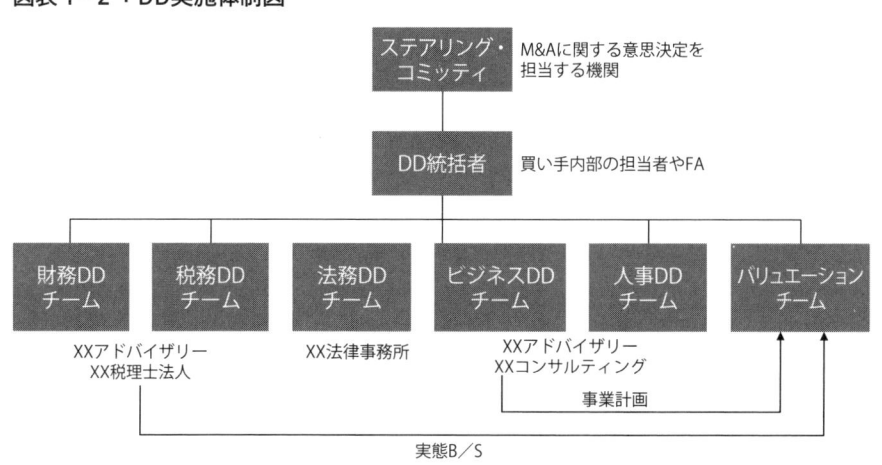

に依頼する場合、財務DDはFAS[4]とも呼ばれる財務・会計系のアドバイザリーファーム、税務DDは税理士法人、法務DDは法律事務所、ビジネスDDはFAS（会計系ファーム）や戦略コンサルティングファームが担当することが多い。また、バリュエーションは、基本的にFA（Financial Advisor）が実施する。FAは、証券会社に加え、M&Aアドバイザリーファーム、FAS（会計系ファーム）などが務める。また、FAとは異なる第三者の算定機関がバリュエーションを担うこともある。

②デューデリジェンス統括者の役割

各DDの連携を円滑に促進するキーパーソンは、DD統括者である。DD統括者は、買い手の担当者が担うケースやFA（Financial Advisor）が担うケースがある。DD実施期間中にDD統括者が求められる主な役割には、以下のようなものがある。

- コミュニケーション管理（買い手側内部、対象会社、売り手）
- 各DDの調査範囲の調整、作業の進捗および課題の管理
- 重大な発見事項への対処（ステアリング・コミッティへの上申など）

M&A取引の規模によっては、1人では手に余る作業負荷になりがちであり、チームを組んで対応することも多い。DD統括者は事前の段取りが肝要であり、各DDの進捗状況を適時・的確に把握するとともに、次に何が起こるのか早い段階で予期して事前対処する能力が求められる。常に、各DDチームの動きの半歩先を進み、決して後手に回らないような立ち回りがDD統括者に求められる。

③ステアリング・コミッティ

DD統括者の上位には、ステアリング・コミッティ（およびそれに準ずる意思決定組織・責任者）が配置されることが多い。DD実施期間中には新たな検出事項が多く、場合によってはM&A交渉の可否すら意思決定を迫られる事態もありえる。このような重要な意思決定を担うのがステアリング・コミッティである。

DDは極めて時間が限られており、迅速な意思決定が肝要である。ステアリング・コミッティを有効に機能させるため、少人数で構成するとともに、意思決定権を有する者がメンバーに含まれるべきである。

4　FAS：Financial Advisory Serviceのこと。M&Aにおける財務アドバイザー業務（FA）やデューデリジェンス、事業再生、各種戦略策定支援等のアドバイザリーサービスを提供するプロフェッショナルファームをいう。

(2) デューデリジェンスにおける実務上の連携

　図表1-3では、DD開始前から終了までの一連の流れを示した。各DD間の連携を図るために、特に以下の点に留意して進行していくことが一般的である。

　①DD準備期間中におけるキックオフミーティングの実施

　②DD実施中の情報共有

　③報告会の実施

①DD準備期間中におけるキックオフミーティングの実施

　本格的にDDが開始される前に、DD統括者と各DDチームが集まりキックオフミーティングを行う。キックオフミーティングではDD統括者の仕切りのもとで、主に以下のような事項について方針のすり合わせや今後の進め方の調整が行われる。

- ●M&A取引の概要と想定スケジュール
- ●対象会社の概要
- ●DD体制および参加メンバー
- ●DDのスケジュール
- ●対象会社の受入体制およびデータルームの運用ルール
- ●各DDチームのDD計画

図表1-3：DDの流れと連携のタイミング

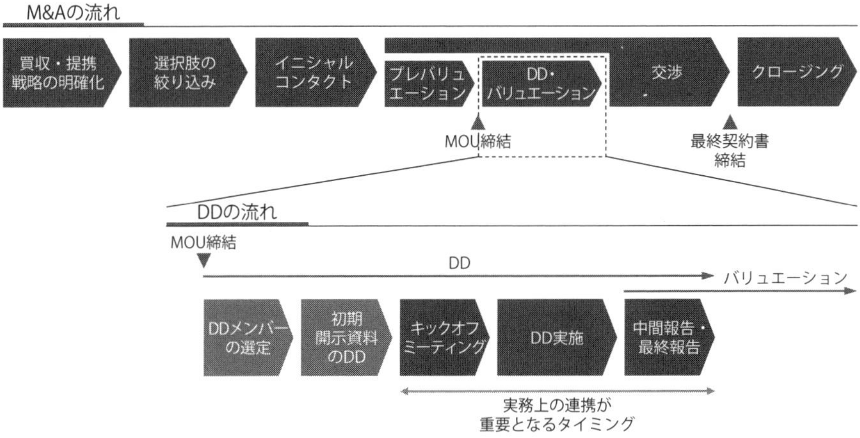

- 各DDチームの主要論点のすり合わせ

特に、各DDチーム連携の観点では、DDの進め方の調整やDD計画共有、主要論点のすり合わせが重要となる。

DDの進め方の調整

各DDチーム間であらかじめ共有し、調整しておくべき主な事項には、以下のようなものがある。

- 対象会社に対する開示依頼資料の重複整理、開示依頼資料リストの更新タイミング、資料依頼のルート
- インタビュー希望の対象者、インタビュー実施概要、インタビューセッションの希望日時・所要時間
- 開示資料やインタビュー内容の共有方法

DDが本格的に開始されると、複数のDDチームが対象会社に対し資料開示要請やインタビュー設定を行うことになる。

対象会社には、各チームから集中的に多数の資料開示依頼や質問、インタビューの設定依頼が殺到する。対象会社の受入担当者の対応能力を超え、混乱が生じることもある。こうした状況を回避するため、あらかじめ各DDチーム間で資料依頼リストを確認し、重複資料の調整や対象会社の開示資料の各DDチーム間での共有化を図る。

インタビューや質問事項でも同様に、インタビュー先や質問事項に関する情報を共有し、実施スケジュールや内容について各DDチームで足並みをそろえるように配慮する。

このような各DDチームの横連携では、DDチームの担当者が率先して対応するが、上述したDD統括者の役割も大きい。これにより、DDチーム間の作業の重複や無駄を省き、受入側の担当者の負担を少しでも軽減することが肝要である。

各DDチームのDD計画の共有

ビジネスDDのみならず、各DDチームにおいて、DDの本格的な開始に先立って、調査範囲やマイルストーン、仮説構築等のDD計画を策定する。このDD計画を相互に共有することがキックオフミーティングの重要な目的の1つである。

各DDチームが想定する調査範囲や主要論点を伝達し、重複や漏れがあるようであればDD統括者が調整を行う。論点間での成果の共有ポイントを事前に押さえておくことにより、各チームにおける分析の示唆が深まる。

また、DD開始に先立って、対象会社からインフォメーションメモランダム[5]が開示されるようなM&A取引では、各DDチームで実施したクイックレビューの結果を共有することも有効だ。これにより、対象会社に対する理解を促進し、個々のチームだけでは持ちえなかった視点を得ることができる。

②DD実施中の情報共有

各DDにおける調査事項の中には相互に関連する事項があるため、DD開始以降、各DDの発見事項を適時に共有し、DDの論点や範囲の軌道修正も図りながらDDを進めていく必要がある。

一般的に、DDチーム間での情報共有対象として、各チームと対象会社との間のQ&Aやキーパーソンに対するインタビュー結果、重大な懸念事項の発見報告があげられる。

各DDチームと対象会社とのQ&Aは、スプレッドシートなどの電子ファイルで質問事項リストを作成し、対象会社とやり取りをすることが多い。当該ファイルは各DDチーム間で共有するのが良い。

また、キーパーソンとのインタビューは、簡潔な議事録を作成してチーム間で共有すべきであろう。重大な懸念事項は、中間の報告会などの機会を通じて共有するか、重要性が高い場合にはDD統括者を通じてチーム間に即座に共有を図ることもある。

③報告会の実施

各DDチームの調査結果は、報告会という形でDD統括者およびステアリング・コミッティに報告される。報告会実施のタイミングは、**図表1-4**のようにDD期間中に2～3回となることが多い。

当該報告会には、各DDチームの代表者が参加して調査結果を報告し、他チームの調査結果も確認する。他チームの調査結果次第では、自チームの分析内容の修正が必要になり、追加的な深堀りが必要となる場合も出てくる。

---

5 M&A取引に関連する主要な情報が記載された書類一式をいう。例えば、対象会社の事業内容や沿革、組織図や従業員構成の状況、財務情報や今後の事業の見通しなどが含まれることが多い。インフォメーションパッケージとも。

図表1-4：DD報告会と実施タイミング（例）

報告会	実施タイミング	報告会での実施事項
初期報告会	DD開始1週間後頃	・最重要論点を初期的にレビューした結果を報告する。ディールブレイクになりそうな重大な懸念事項がないかが中心となる。 ・重大な懸念事項がない場合、初期報告会は行わないケースもある。
中間報告会	DD期間の中頃	・主要論点の1次レビュー結果を報告する。 ・最終報告までの継続・追加調査事項の確認や、他DDチームとの調査論点の調整等を併せて実施する。
最終報告会	DD終了の1週間前頃	・中間報告以降に実施した調査事項の結果を中心に報告する。 ・引き続き追加調査を実施する必要があるかを検討する。 ・DDでの発見事項について、M&A交渉上どのように取り扱うかを検討する。

（3）デューデリジェンス間の情報開示

　各DDを外部アドバイザーが担当する場合、相互情報開示手続きが必要な場合がある。上述したとおり、財務DDはFAS（会計系ファーム）が、法務DDは法律事務所が、ビジネスDDや人事DDはFAS（会計系ファーム）や戦略コンサルティングファームが担当するケースが多い。特に、公認会計士や弁護士は、秘密保持義務が法律においてより厳格に定められており、厳重なリスク管理体制が敷かれている。

　各DDを担当するアドバイザーは、それぞれ買い手とアドバイザリー契約を結ぶことが一般的である。当該契約において、買い手以外の第三者への自社成果物（報告書や分析結果）の開示を制限する場合が多い。買い手が他のアドバイザーに開示要求する場合、買い手は "リリース・レター" や "ホールドハームレス・レター" などといわれる文書への同意が求められる。買い手としては、当該情報共有にあたり、実務上十分に留意すべきである。

第 2 章

各種デューデリジェンス との連携

1 財務デューデリジェンス・税務デューデリジェンスとの連携

（1）財務デューデリジェンス

いかなるM&A取引においても、財務・税務・法務DDは実施されるケースがほとんどである。**図表2-1**は、図表1-1にて示した内容から、ビジネスDDと財務DDの関係性にフォーカスしたものである。財務DDは過去業績を中心に精査を行い、ビジネスDDは将来事業計画に注力する。ただし、ビジネスDDにおいても、事業計画の蓋然性や実現可能性を見極めるうえで、過去業績の正確な把握は不可欠である。一方で、財務DDによる過去業績分析を行ううえで、ビジネスDDが実施するような事業構造に関する理解も不可欠である。

このように、財務DDとビジネスDDには密な連携が必要とされる。ビジネスの結果が財務に反映されていくことを考えると、本来的にはビジネスDDと財務DDは切っても切り離せないものといえる。特に、業績が芳しくない企業に対するDDやスタートアップ[6]企業へのDDなど、資金繰りが重要論点となる場合には、ビジネスDDと財務DDを一体化して企業を分析することが非常に有効となる。

本節では、ビジネスDDにおいて財務DDから提供を受ける主な情報と、財務DDに提供する主な情報について、具体例を用いて解説する。

図表2-1：ビジネスDDと財務DDとの関係

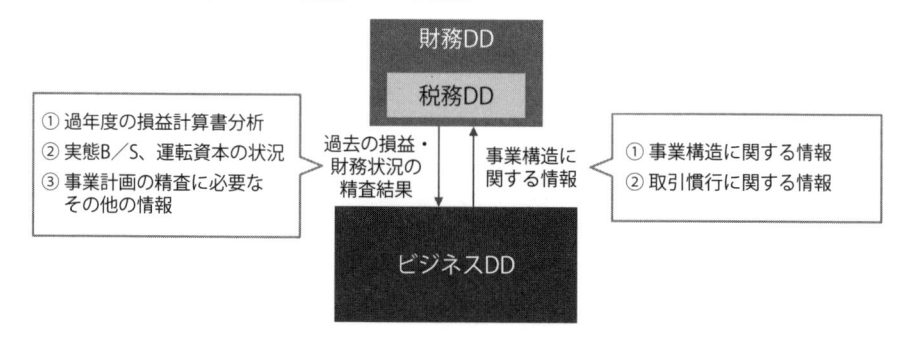

6　事業が急成長の途中にある企業のこと。一般的には創業間もないことが多い。ベンチャー企業とも。

①財務デューデリジェンスから提供を受ける情報

ビジネスDDが財務DDから提供を受ける主な情報は、修正事業計画を策定するために必要な情報である。財務DDでは過去業績に関する分析を実施しており、その情報の共有を受けることで、ビジネスDDは過去業績ではなく将来業績見通しに集中することができる。

主要な例として、①過年度の損益計算書分析、②実態B／S、運転資本の状況、③事業計画の精査に必要なその他情報、の3つについて解説する。

過年度の損益計算書分析

対象会社の正常な収益力を把握するための過年度の損益計算書分析は、ビジネスDDと財務DDのいずれでも調査範囲となることが多い。各DDにおける発見事項をタイムリーに受け取れるよう、体制や手順を明確にし、作業の効率性を図るべきである。財務DDにおける過年度の損益計算書分析は、一般的には、以下の2点に重点を置いて行われることが多い。

- ●会計方針、会計処理や期間帰属による損益への影響
- ●非経常損益に計上されている経常的な損益の影響

財務DDにおいては、過年度の損益計算書における会計処理による損益のゆがみや、一過性の事象にともなう損益を排除し、正常な収益力を反映した損益を把握する。財務DDにおける正常収益力の分析結果を把握することで、ビジネスDDにおける過年度業績分析においても、同様のゆがみを排除することができる。

a）財務会計方針の調整

一般的に企業は、一定の範囲内で会計処理方法を選択することができるため、対象会社の会計方針が買い手のそれと一致しているとは限らない。特に、海外企業の買収では、会計方針が買い手と異なる場合が多い。買収後、対象会社の会計方針を買い手側にそろえるかは大きな議論となるが、DDにおいては、時間的な制約上、対象会社の会計方針に基づいた分析とする場合が多い。

買い手が採用する会計方針に合わせて修正事業計画を策定する場合、DD準備段階からその方針で作業計画をする必要がある。例えば、財務DDにおいて、買い手の会計方針に沿った「実態B／S」（後述を参照）を作成する場合、ビジネスDDでも買い手の会計方針に沿った事業計画を作成するなど、財務DDとビジネスDDで整合性のある作業を実施することが必要である。

b）共通経費の配賦

M&A取引によっては、会社分割、事業譲渡などによる対象会社の一事業の切り出し（カーブアウト）や、特定部門の統廃合をともなう場合がある。このような場合、事業部門別の損益状況の正確な把握と、それをもとにした事業部門別のバリュエーションが必要となる。

当該部門別損益に大きな影響を与えるのが、本社費用などの共通経費の配賦である。管理会計上の共通経費の配賦方法は、会社ごとに手法が異なる。特定部門の負担軽減のために、配賦額を少なく調整するなど、政策的な配賦を行う場合もある。共通経費に関する分析は、財務DDの分析結果も十分に参考にしながら、当該事業の損益として実態的に認識すべき水準を慎重に検討する必要がある。特に、特定部門の統廃合を検討する場合、ビジネスDDの分析結果が当該部門の存続を左右するため、細心の注意を払う必要がある。

実態B／Sの情報

財務DDにおいては、基準日における財政状態の実態を反映した「実態B／S」が作成される。実態B／Sとは、バリュエーションのコスト・アプローチである時価純資産法[7]により、対象会社の企業価値を算出するために用いられる。また、企業結合会計においては、対象会社のB／Sを時価で受け入れるパーチェス法[8]が原則であることから、当該対象会社を買収した場合の「のれん」[9]の額を概算的に把握するためにも用いられる。

ビジネスDDにおける修正事業計画の作成において、キャッシュフローが重要視される場合、運転資本や固定資産の精査は必須となる。これらのB／S項目は、実態ベースに修正された財務諸表を出発点とする必要があり、財務DDから実態B／Sの情報を受ける必要がある。

運転資本の状況

財務DDでは、会社の資金状況の分析が行われる。資金状況の検討にあたっては、運転資本分析と収益の季節性がある際の季節資金の検討も行われる。運転資本は、フリー・キャッシュフローを構成する要素の1つであり、バリュエーショ

7　バリュエーションのコスト・アプローチの一手法であり、資産／負債を時価ベースで取り扱う点が特徴である。企業が保有する資産の時価総額から負債の時価総額を差し引いた金額を企業価値とする手法をいう。

8　被結合企業の資産・負債を時価で引き継ぐとともに、その取得原価を対価として交付する現金および株式等の公正価値とする会計処理方法のことをいう。

9　M&Aにおいて、買収価格が対象会社の純資産を上回る場合にB／Sに計上される。現行の日本会計基準では20年以内に償却することが求められており、減損の兆候がある場合、減損テストを実施する。

ンに大きな影響を与える。将来の事業計画における運転資本の増減は、過去の水準や回転率を参考に算出することが一般的である。このため、財務DDにおいて、過去の運転資本の推移の中で、売掛金、棚卸資産、買掛金などの残高修正や支払サイトの異常値の調整などが行われる場合があり、これらをビジネスDDの事業計画にも反映させる必要がある。

事業計画の精査に必要なその他情報

事業計画の精査に必要なその他情報には、以下のようなものがある。

a）管理会計手続き

財務DDにおいては、予実管理などの管理会計の方針や管理会計処理、精度についても、その分析範囲となることが多い。対象会社の管理会計手続き（方針や処理方法）の状況は、対象会社が作成する事業計画の精度と直結するといっても過言ではない。財務DDにおいて、管理会計の状況に懸念が指摘される場合には、対象会社が作成した事業計画自体の信頼性を測るうえで重要な影響を及ぼす。

b）内部統制の検討状況

財務DDでは、内部統制の状況についてもレビューが行われる。特に、非上場企業、中小企業、業歴が浅いスタートアップなどにおいては、内部統制が不十分である旨の指摘がされることがある。このようなケースでは、買収後に内部統制の整備のための追加的コストを見積る必要がある。

例えば、内部統制の不備が人員不足に起因する場合には、管理部門における追加の人員増分をビジネスDD側で認識しておく必要がある。内部統制を整備するために情報システムの導入が必要であれば、当該情報システムの導入費用も見積り、事業計画にも反映する。

②財務デューデリジェンスに提供する情報

事業構造に関する情報

財務DDでは、一般的に、過去の財務諸表等をベースとして、対象会社の資産や負債の調査、運転資本や資金の状況調査、P／L分析を通じた正常収益力分析、管理会計や内部統制の状況調査などを行う。このうち、会社の資産評価の妥当性と負債の網羅性の調査は、財務DDの核となる作業の１つである。しかしながら、偶発債務を含めた簿外債務の発見は、財務諸表および帳簿に計上されていないものを発見するという作業であり、難度が高い。そこで有用な参考材料とされるの

が、ビジネスDDにおける事業に関する情報である。財務DDでは、対象会社の事業オペレーションの理解から、想定される負債をイメージし、計上の有無を調査する。それにより簿外債務発見の可能性は高まる。また、簿外債務発見に留まらず、対象会社の事業理解を促進することで、財務DDの作業効率化にも資する。

取引慣行に関する情報

ビジネスDDからの情報が財務DDにおいて役立てられるものの代表例として、各種引当金の引当方法があげられる。会計処理にあたり見積りの要素が介在する場合、分析作業により多くの時間が必要となる。例えば、アパレル業界、出版業界における返品調整引当金の返品率の検討は、過去の返品率の検討に加えて、業界における取引慣行、取引先との力関係の検討が必要になる。ビジネスDDからのこのような提供情報は、財務DDの分析でも有用である。

(2) 税務デューデリジェンス

税務DDは、財務DDと同じく、いかなるM&A取引でも実施されることが多いDDといえる。特に、対象会社がオーナー会社であり税務リスクが懸念される場合や、対象会社が多額の繰越欠損金[10]を計上しており、M&A取引に税務メリットを活用できる可能性がある場合、税務DDの調査が重要となる。

ビジネスDDと税務DDとの連携においては、主に以下の3点が重要な論点である。

①税務上の欠損金

対象会社が多額の繰越欠損金を計上している場合、ポストM&Aにおいて、利益体質に転換できる見込みが高ければ、バリュエーション上、当該欠損金による節税効果を見込むことができる。一方で、リストラクチャリングのスキームによっては、欠損金活用や資産の売却損(含み損)の利用が制限される場合もある。税務上の欠損金とその節税効果の取扱いについては、税務の専門家の見解が必須である。DD統括者および税務DDとビジネスDD、さらにバリュエーションの担当者が十分に情報を共有し、議論しながら詰めていく必要がある。

---

10 企業において過去に生じたマイナスの所得を繰越欠損金といい、将来、プラスの所得が生じたときに相殺することで、節税メリットを享受できる。

②繰延税金資産の回収可能性

　対象会社の繰延税金資産の回収可能性の分析においては、将来の事業計画を
ベースにしたタックスプランが用いられる。一般に税務DDを担当する会計士や
税理士は、事業計画の内容を調査範囲としないことが多いため、繰延税金資産の
回収可能性の検討の際には、税務DDとビジネスDDの連携が必要となる。会社に
よっては、含み損のある資産の売却により、税金支払額を最小化するタックスプ
ランを作成するケースもある。このようなケースでは、節税目的の資産売却計画
とビジネスDDにおける修正事業計画の整合性を確認することが必要である。

　なお、企業再生案件や業績不振の会社では、事業計画上、利益水準を過大に見
積もることにより、繰延税金資産を過大計上する可能性があるので十分な注意が
必要である。

③組織再編税制における適格要件

　税務DDにおいては、当該取引が想定するM&Aスキームが税制適格要件（組織
再編時における課税の繰延べ）を満たすかどうかという点が重要な検討事項とな
る。税制適格の検討にあたっては、株式の継続保有や事業継続要件、社員の引継ぎ
が重要な要件となる。統合後の事業計画において、事業の再構築や人員整理を想
定している場合は、想定しているM&Aスキームの組織再編税制における適格要
件に抵触しないか、税務アドバイザーと情報を共有し、十分に議論する必要がある。

2 法務デューデリジェンスとの連携

　法務DDでは、会社の登記簿謄本、株主総会および取締役会議事録、主要契約
書、保有許認可、人事規程などの社内規程の精査や、法務担当者へのインタ
ビューなどが行われる。その結果を受けて、対象会社に内在する法務リスクの検
討、事業や株主所有権の移転に際して障害となる法的事項等の検討、M&A契約
書への記載事項の検討が実施される。

　法務DDからは、ディールブレイカー[11]となり得る決定的な事項が発見される
こともある。重要性が高いものについては、できる限り早い段階でビジネスDD

11　ノックアウトファクターともいい、ディールを続行することができない決定的な要因のことをいう。

との連携を図ることが必要である。

　以下、ビジネスDDと法務DDとの連携について、「法務DDから提供を受ける情報」と、「法務DDへ提供する情報」に区分して解説する。

（1）法務デューデリジェンスから提供を受ける情報

　ビジネスDDが法務DDから提供を受ける情報は、主に以下の２つである（**図表2-2**参照）。

　１つは、ビジネスDDにおける事業計画の実現を阻むリスクである。例えば、対象会社と社外のステークホルダーとの契約の中で、M&A取引後の事業継続に大きな影響を及ぼすような契約上の制約や、M&A取引のスキームによって新たに取得の必要がある許認可などである。

　もう１つは、将来的に金銭等支払いの発生可能性がある法的リスクの有無である。具体的には、対象会社で発生した違法行為や重要な訴訟・紛争の存在、労務上の問題点に関する情報である。訴訟により将来、賠償金支払いの発生可能性が認められる場合、ビジネスDDにおける修正事業計画にも、当該支払いを見込む必要がある。

①株式所有権（オーナーシップ）移転による社外ステークホルダーとの契約関係

　M&A取引実行によるオーナーシップの移転は、対象会社と社外ステークホルダーの間の諸契約における各種条項に抵触する場合があり、M&A取引の成否を左右する極めて重要な論点といえる。法務DDの調査結果によっては、M&A取引

図表2-2：ビジネスDDと法務DDとの関係

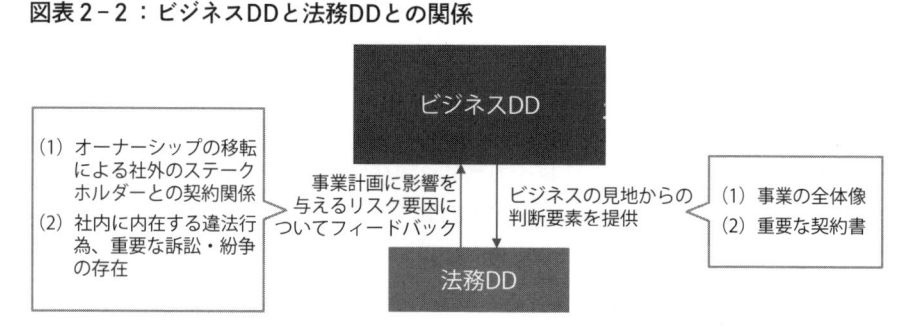

が続行できなくなるケースや、当初想定スキームの変更を余儀なくされることもある。

Change of control条項

諸契約において定められるChange of control条項が、オーナーシップ移転に際して問題となるケースが多い。Change of control条項とは、M&A取引により、対象会社の実質的所有者である株主の構成が大きく変更する場合、契約の相手方が契約解除などを行使できる権利である。買収防衛策として当該条項を導入する例もあり、法務DDにおいては主要な調査論点となる。

例えば、買収対象会社がOEM生産の受託を主要事業とするような場合で、当該委託契約の中に　当該条項の定めがあるとする。対象会社買収によるオーナーシップ移転の場合でも、OEM委託元の同意が得られれば、当該委託契約は維持・継続される。しかし、もし買い手が委託元企業の競合であるような場合、委託元は競合企業グループへの生産委託を避けるため、当該条項に基づき契約を打ち切る可能性がある。対象会社の業績において当該受託による売上構成が大きい場合、事業存続自体に危機的な影響を及ぼすことになる。買い手にとっては当該M&Aの実効性を大きく棄損するため、場合によってはディールブレイクの決断もありうる。

許認可やライセンスにかかる問題

M&Aにおいて合併、会社分割、事業譲渡などの組織再編スキームを採用する場合、業法上の許認可やライセンスについて、承継手続きや新規取得手続きが必要となる。例えば、運輸業者である対象会社について、不採算事業を除いた優良な事業のみを会社分割により買収するケースを考える。対象会社が保有する許認可には、特別な物品輸送に関するライセンスがあるが、会社分割では当該ライセンスが分割会社へ承継不可能とされることが判明した。買収後の対象会社や買い手として、当該ライセンスの承継が必須であれば、M&Aのストラクチャー変更を検討しなければならない。不採算事業を含めた対象会社全体の買収に変更する必要もあるかもしれない。これにより、買い手が想定する修正事業計画にも大きく影響を及ぼすばかりか、ビジネスDDの作業範囲や論点も広がる。ストラクチャー変更を及ぼしかねない法的リスクが認識された場合には、DD実施者間において早めの情報共有が必要である。

知的財産権に関する問題

　対象会社がビジネスを営むうえで、特許権や商標権のような知的財産権が重要な場合もある。知的財産に関しても、知的財産権の保有者やM&A後の権利承継および継続使用の可否について、法的見地から見極めることが肝要である。対象会社がビジネスで使用する知的財産権が、対象会社ではなく親会社やオーナー個人に帰属するような場合、買い手は当該権利もあわせて買い取ることや、M&A後も権利使用料を支払うことなどを検討する必要が出てくる。また、追加的な権利使用料の支払いが必要な場合には、修正事業計画にも必要費用として反映しなければならない。

競業禁止条項への抵触

　オーナーシップ移転に際しては、競業禁止条項も論点となることが多い（競業避止条項と呼ばれることもある）。例えば、ある会社が過去にＡ事業を別会社に売却した際、売買契約書においてＡ事業との競業禁止条項が含まれていたとする。数年経過後、当該会社がさらに別会社の買収を試みた際、対象会社にＡ事業と競業する事業が含まれていることが発覚し、上記の競合禁止条項に抵触してしまった。Ａ事業の売却先から競業禁止義務の免責を得られない場合、競業対象事業を買収対象から外すなど、M&A取引のスキームの見直しを余儀なくされる。これにより、ビジネスDDの作業範囲にも影響が及ぶことになる。

　上記で述べた４つの法的な留意点は、M&Aのディールブレイカーにつながりかねず、ビジネスDDの作業範囲にも大きな影響を与える。関連する検出事項については、なるべく早い段階において、すべてのDDチームの間で情報を共有化することが重要である。

②対象会社内の違法行為、重要な訴訟・紛争リスク

　対象会社内の違法行為や、重要な訴訟・紛争リスクの存在も、ビジネスDDに少なからず影響を及ぼす。違法行為の発覚は、最悪のケースでは事業停止に追い込まれるリスクも内在する。重要な訴訟・紛争リスクでは、甚大なる経済的インパクトを被る可能性もある。したがって、このような法的リスクにおいても、前述した法的論点と同様に、ビジネスDDを含めた各DDチームとの早期の共有が望ましい。ビジネスDDの観点では、修正事業計画に大きな影響を及ぼす場合、発

生の蓋然性や影響金額の見積り、発生時期の予測を含めて、法務DDと連携する必要がある。

違法行為の存在

ａ）違法行為

法務DDにおいて、反社会的勢力とのつながりや会社財産の不正流用、法令への抵触などの違法行為が発覚する場合がある。当該事項の内容次第では、当該M&A取引を続行できなくなる可能性さえある。買い手が当該リスクを承知のうえで買収に応じるのであれば、リスク実態を把握し、潜在的損失が許容範囲内かどうか精査することが不可欠になる。また、修正事業計画や買収価格にも反映するとともに、ポストM&Aにおける経営改善施策として、コンプライアンス体制の確立や研修の実施などを対応策として織り込む必要がある。具体例として、対象会社が販売代理店に対し、競合他社との取引排除の条件を強制していたことが判明した場合、独占禁止法に抵触して当局から課徴金が課されるといったリスクがある。買い手として当該リスクは許容範囲かどうか、当該リスク発生の蓋然性や、潜在的なリスク金額などを慎重に精査する必要があるだろう。

法務DDにおいて抽出された法的課題を踏まえ、法務DDとの連携のもとで、ビジネスDDにおいて経営に及ぼす影響の定量化や改善施策、必要コストの検討を実施するのが望ましい。

ｂ）脆弱なガバナンス体制

対象会社の脆弱なガバナンス体制が問題になることがある。近年では、グループにおける海外子会社のガバナンスが問題となることも多い。このような場合も、買い手は、可能な限りM&Aの売買契約においてリスクをヘッジするとともに、ポストM&Aにおけるガバナンス強化施策を検討すべきである。ガバナンス強化に必要なコストが想定されれば、適切に見積りしたうえで、ビジネスDDの事業計画に反映する。

法務DDにおいて、ガバナンスに関するポリシーや基本的体制が整備されているか確認されることが多い。組織や機能ごとの責任・権限設定の状態を確認するとともに、買い手のガバナンス体制との整合性についても慎重に確認しておく必要がある。

法務DDにおける対象会社へのヒアリングなどから、ガバナンス機能不全による不祥事発生などが検出されれば、ビジネスDDにおいても、ポストM&Aのガバ

ナンス整備の対処策を検討するのが望ましい。

重要な訴訟・紛争リスクの存在

対象会社が重要な訴訟・紛争リスクを抱えている場合がある。特定製品・部門における事業存続に影響を及ぼすほどのリスクであれば、ビジネスDDでは順調に解決するシナリオや事業停止に追い込まれ撤退を余儀なくされるシナリオなど、複数シナリオに基づく修正事業計画の策定が必要になるかもしれない。当該リスクの精査の結果、事業停止のリスクが相当程度想定されるとして、ディールブレイカーとなる可能性さえある。

また、取引上の契約違反や他者の権利侵害により、損害賠償請求を受けるようなケースもある。一般的なリスクヘッジとして、損害賠償額や和解額を見積もり、譲渡価格から当該金額をあらかじめ減額する手段がある。また、契約書中の補償条項により、当該訴訟・紛争の損失額発生の場合には売り手に補填させる手立ても考えられる。当該リスクの性質や売り手との交渉に応じて、適切にリスクをヘッジすべきである。

(2) 法務デューデリジェンスへ提供する情報

ビジネスDDから法務DDへ提供する情報は、主に対象会社の事業に関する分析や重要な契約書に関するものがあげられる。

①事業の全体像

上述した財務・税務DDと同様に、法務DDの初期段階では、事業の全体像を把握したうえで重点的な精査事項を定める流れが一般的である。法務DDを実施する弁護士は、一般的にはビジネス分析のプロフェッショナルではないため、対象会社の事業構造など、事業の全体像を初期の段階でビジネスDDチームから提供すれば、法務DDの準備作業も円滑に進めることができる。

②重要な契約書

法務DDの依頼資料リストに「重要な契約書」が含まれることがある。対象会社事業と関連したその重要性は、事業実態の把握により判断できるものでもある。例えば、それが小さな契約であろうとも、対象会社の競争優位の支えになるような中小下請の取引先との契約書などならば、重要性は高いといえる。ここでもビ

ジネスDDの知見が役に立つ。重要性の判断は対象会社側が行うため、買い手側の思う重要書類が提示されない可能性がある。ビジネスDDの過程で重要性が高い契約を認識した場合には、法務DDにも情報共有しておくことが望ましい。

3 機能デューデリジェンスとの連携

　上述した財務・税務・法務DDの他に、対象会社事業の特性に応じて、機能DDが実施される場合がある。代表的な機能DDとしては、人事DD、IT DD、環境DDなどがあげられる。ビジネスDDとの連携では、各機能DDの認識事項のうち、事業計画に影響を与えうる詳細情報について提供を受ける必要がある。また、ビジネスDDで認識された関連機能における分析事項やリスクなどがあれば、機能DDに情報提供することも肝要だ（**図表2-3**参照）。

（1）人事デューデリジェンス
　人事DDとの連携において、ビジネスDDが人事DDから提供を受けるべき情報は、主に以下の5つがあげられる。
　　①経営統合を左右する企業文化に関する情報
　　②事業計画のコストに影響を与える人件費に関する情報
　　③ポストM&Aにおける人員計画に影響を与える情報
　　④人材採用基準に関する情報
　　⑤人材教育に関する情報

図表2-3：ビジネスDDと機能DDとの関係

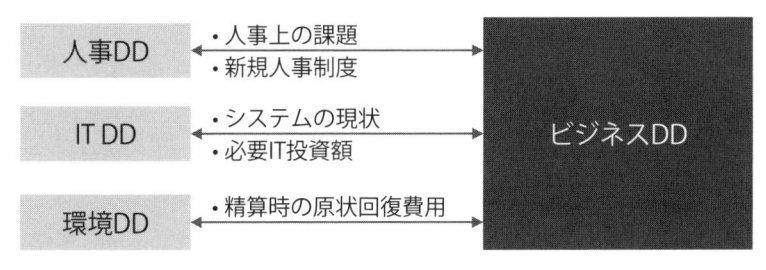

①企業文化に関する情報

　1つ目は、統合の難易度に関わる企業文化に関する情報である。企業文化の問題は、組織の統合の難易度を測るうえできわめて重要であるにもかかわらず、実際にDDにおいてその検証を行うことは困難である。ここでいう検証とは、具体的には、対象会社と買い手の企業文化や制度にどの程度の乖離があり、円滑な統合が可能か検証することを指す。人事DDにおける示唆も踏まえて、必要に応じて買収スキームの検討や事業計画への反映、ポストM&Aのガバナンス体制の検討材料とする。

②人件費に関する情報

　2つ目は、人件費に関連する情報である。対象会社の従業員の給与体系や役員報酬の規程、退職金制度は、事業計画のコストに直接的に影響を与える。また、M&A取引実行後の経営統合を検討するにあたっては、対象会社の組織構成や労使関係、就業規則や各種規程、従業員の定着率や平均年齢などの情報が重要な材料となる。

　ビジネスDDでは、特に事業計画における人件費に関する情報について、人事DDから情報を得る必要がある。

報酬・給与体系

　報酬・給与体系の統合を目指す場合、対象となる社員の報酬・給与に大きな変更が生じる可能性がある際には、移行期間と移行措置を設定することがある。DDの時点で統合人事制度の基本案まで策定ができれば、ビジネスDDの事業計画に反映させる。ただし、現実的には、人事関連は機微な部分であり、DDの段階でポストM&Aを想定した人事制度設計までされるケースはあまり多くない。

　対象会社が親会社から出向者を受け入れている場合、親会社が出向者給与の一部を負担していることがある。M&A取引によって出向者が子会社へ転籍する場合、あえて親会社の給与水準を踏まえた移行措置をとる場合がある。その他、経営者層の役員報酬では、月次報酬、賞与、ストックオプションなどがあり、これらの報酬体系やインセンティブも把握し、ビジネスDDにおける事業計画に適切な見積り額を反映することが大事だ。

　なお、報酬・給与に関する情報は、機微な個人情報が含まれる。一方で、事業計画はDD実施に関係する多くの目に触れやすい。したがって、個人情報を含む

当該見積りについては、概算値でも構わない。むしろ、このような場面では、人件費見積もりの精緻な推計よりも、個人情報の流出リスクに留意すべきであろう。

退職金

対象会社が人員削減を想定する場合、割増退職金の加算などにより、退職給付費用に影響が及ぶ可能性がある。退職金制度に関する情報は、人事DDからビジネスDDに対して、事業計画で使用すべき情報につき提供を受ける必要がある。例えば、対象会社のポストM&Aにおいて、現状の退職金制度を維持せず、新退職金制度へ移行する場合、人事DDにて必要コストを見積もる。

上述のとおり、個人情報には留意しつつ、人事DDから必要コスト総額に関する情報の提供を受け、ビジネスDDの事業計画に反映する必要がある。

③人に関する情報

３つ目は、人そのものに関連する情報である。人とは、経営陣や社員である。当該情報は、M&A取引実行後の人員計画の検討において重要な情報である。

経営陣

経営陣については、各人のマネジメントスキルやマネジメントチーム内の人間関係を把握する。売り手である現在の株主からどのようなガバナンスを受けているか、誰がどのように目標設定やビジネスプランを策定しているか、経営陣に対してどのようなリテンションプランが導入されているかなど、現株主から情報提供を受ける必要がある。その場合、経営陣から得た情報についても人事DDから提供を受けることで、両者の認識に齟齬がないか確認するのが良い。また、現マネジメントチームメンバーに加え、追加で採用を検討しているポジションの有無などの今後の動きについても、情報を入手しておくことが必要である。

従業員

人が主たる経営資源であり、人材の流動性の高いような業種においては、従業員に関する情報の重要性が高い（例えば、サービス業の中でも、特にIT業界やコンサルティング業界がこれに該当）。例えば、主要部門のリーダーが部下を引き連れて部門ごと他社に移るようなリスクもある。当該事態を未然に防ぐために、雇用条件やインセンティブ設計をDD段階から検討する必要がある。また、必要な対策コストがあれば、ビジネスDDの事業計画に反映させる。

出向者の取扱い

　上記の報酬・給与体系でも述べたとおり、対象会社が親会社の完全子会社のような場合、親会社からの出向者の有無や人数、役割などを把握し、M&A取引後の当該出向者の処遇（親会社に戻る／対象会社に残留など）の方針を確認する必要がある。

　ある企業グループの子会社売却の事例では、対象会社である子会社の管理部門の半数以上が親会社からの出向者で占められており、出向者を親会社に戻すことにしたところ、統合後に管理部門の機能が大幅に低下したケースがある。出向者の取扱いについては、事業計画に少なからず影響を与えるため、慎重に検討することが必要である。

④人材採用基準に関する情報

　人材採用については、近年、日系企業においても中途採用が活発化していることも踏まえ、新卒・中途ともに基準を確認すべきである。特に合併の場合には、合併後の事業戦略を実行するための人材定義を行い、その定義に沿って採用基準をどのように修正すべきか、DDの段階から考えておくべきである。特に両社の採用基準が大きく異なる場合、企業風土に相違があることも多く、ポストM&Aでの大きな論点となることが多い。

⑤人材教育に関する情報

　人材教育についても、対象会社との間でその内容や体系が大きく異なる場合には、再整備が必要となる。対象会社の従業員に対し、自社の教育内容を早期に修得してもらう必要がある場合もある。例えば、営業展開の手法などであれば、事業のオペレーションに影響が及ぶこともある。そのため、対象会社の人材教育についても早期に把握しておくことが重要である。

（2）ITデューデリジェンス

　IT DDは、対象会社が属する業界や事業における情報システムの重要性が高い場合に実施される。例えば、金融機関などのようにITが経営上の重要な経営資源になっている場合や、対象会社の情報システムが親会社の情報システムと一体であることからポストM&Aにおいて多額のIT投資が想定される場合、また対象会

社の情報システムが陳腐化している場合などに実施されることが多い。

　ビジネスDDでは、IT DDの結果として、情報システムへのメンテナンス投資、新規投資、買い手企業との情報システム統合に関わる投資に関する情報の提供を受け、ビジネスDDの事業計画に織り込む必要がある。IT DDの範囲に、業務効率性の改善検討まで含まれている場合には、改善施策のポイントや実現可能性についても情報交換を行い、効率化にともなうコスト削減効果についても、事業計画への織り込みを検討したい。特に金融機関など、情報システム統合に相当の時間や費用を要する場合、統合時期の見直しすら必要となる場合がある。このような情報は、統合スケジュール全体に大きな影響を与えるため、ビジネスDDでも随時情報を共有しておく必要がある。

　なお、カーブアウトやグループ会社とのM&Aに関しては、スタンドアローン・コスト[12]についても考慮が必要である。特に、システムを共用しているなど、M&A後にシステム再構築が必要となる場合には、多額のIT投資が必要となり、事業計画やバリュエーションにも影響を及ぼすため、注意が必要である。

（3）環境デューデリジェンス

　環境DDは、対象会社が工場や特殊な研究開発施設およびその跡地などを保有する場合、土壌汚染や大気汚染などの発生するリスクについて事前に精査を実施するものである。

　例えば、対象会社保有の工場設備周辺について環境調査を実施することにより、土壌汚染、大気汚染、騒音等に関する地域住民からの訴訟リスクや、土壌汚染の浄化に多額の費用が発生するリスクが指摘されることがある。環境DDは、初期段階では法務DDのアドバイザーが環境法令の観点で精査する場合もある。しかし、対象会社の事業特性上、工場や研究施設が重要な資産の場合には、環境リスクの重要性が高いといえるため、環境DDの専門家をアドバイザーとして起用し、実地調査を含めたDDを実施する必要がある。

　ビジネスDDとの連携においては、将来環境問題が発生した場合に想定される原状回復等のコストの情報の共有などがある。また、深刻な環境リスクが判明した場合、当該工場や研究施設をM&A取引の譲渡対象から外し、M&A取引後は売

12　事業の分離（カーブアウト）にともない発生する単独事業としての運営コストをいう。

り手と賃貸借契約により対象会社が継続使用する（保有はしない）スキームが一案となる。このような変更は、事業計画にも甚大な影響を及ぼすことになるため、環境DDともよく連携を図っておきたいところである。

第2編

ビジネス・デューデリジェンスの応用・派生

第 3 章

ビジネス・デューデリジェンスの応用

1 ビジネス・デューデリジェンスの多様な活用方法

　一般的なビジネスDDは、対象会社の株式・事業の取得を意図した買い手が、対象会社の精査を実施する目的で行われる。対象会社から当該事業や組織に関する内部情報や資料が開示・提供され、買い手側のビジネスDDチームが調査分析を行う前提である。

　しかし、ビジネスDDは上記の一般的なパターンに留まるものではない。M&A交渉段階次第では、対象会社への情報アクセスの制限が存在する場合や、ビジネスDDを実施する主体自体が買い手以外である場合もある。ビジネスDDは、柔軟にそれらのシーンや状況に応じて調査範囲やアプローチを工夫することにより有効に活用される。

　本章では、対象会社へのアクセスが限定的な場合と、買い手以外の主体により実施される場合で、それぞれどのようにビジネスDDが活用されるのか概説していく（**図表3-1**参照）。

図表3-1：ビジネスDDの種類

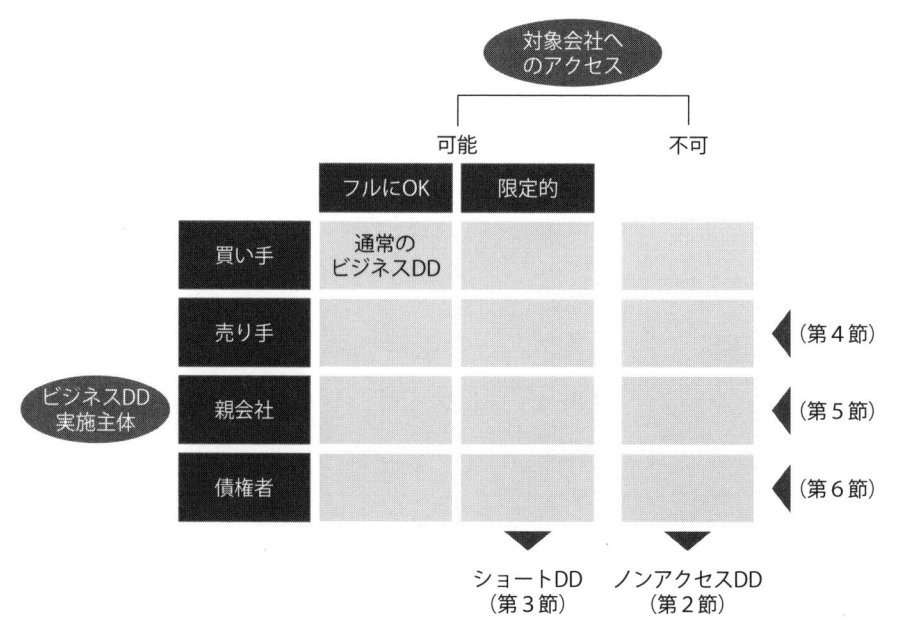

対象会社へのアクセスが限定的なビジネスDD
- ●ノンアクセス・デューデリジェンス（第2節）
- ●ショート・デューデリジェンス（第3節）

買い手以外の主体によって実施されるビジネスDD
- ●売り手によるセルサイド・デューデリジェンス（第4節）
- ●親会社によるビジネス・デューデリジェンス（第5節）
- ●債権者によるビジネス・デューデリジェンス（第6節）

2 ノンアクセス・デューデリジェンス

（1）概　要

①ノンアクセスDDとは

　デューデリジェンスを実施する際に、何らかの事情により対象会社から内部情報が提供されず、インタビューも実施できない場合がある。ノンアクセスDDとは、外部情報のみにより実施するビジネスDDをいう。ノンアクセスDDは、内部情報にアクセスできる通常のDDと比較して、以下の2つの制約がある。

- ●調査分析に必要となる内部情報へのアクセスの制約（外部情報に頼らざるを得ない）
- ●事実確認・検証に関する制約（情報確度や要因把握、分析結果の検証が困難）

②ノンアクセスDDの対応範囲

　ノンアクセスDDの目的は、一般的なビジネスDDと同様である。対象会社の価値を生むメカニズムや競争優位性の源泉を見極め、事業の将来性を洞察する。しかし、上記の制約により、通常のビジネスDDと比べて分析や検証の深度に制限が加わる。ノンアクセスDDは、例えば対象会社への交渉前のM&A戦略検討段階において、M&A候補先の事業を初期的に把握する場面などで活用される。したがって、ノンアクセスDD完了後、対象会社との交渉も進展し、情報アクセスが可能になった場合には速やかに通常のビジネスDDの実施が必要だ。この場合、本格的なビジネスDDでは、新たな情報からノンアクセスDDの分析をさらに深め、検証することになる。ノンアクセスDDの成果は決して無駄にはならない。

（2）ノンアクセスDDが活用されるシーン

　図表3-2に、ノンアクセスDDが活用されるシーンを示した。対象会社へのアクセスが叶わない適切でないシーンが該当するが、対象会社の協力度合いやM&Aの推進プロセスにより整理される。

ケース①：買収対象会社の選定

　M&A戦略立案の中で、買収候補となる対象会社選定の一環で予備的調査として実施されるケースである。例えば、買い手側はM&Aを活用した自社の成長戦略を策定し、当該戦略実行に向けて数社の買収候補先の絞り込みまで終えている。しかし、最後にどの企業にアプローチすべきか、各社ごとの個社分析を深める必要がある場合に、ノンアクセスDDが活用される。本段階では、対象会社に対して買収意向などを伝えるには時期尚早であり、実際に一切のアプローチを開始していない。このような場合には、外部情報のみを情報源として、買い手独自によるノンアクセスDDの実施が有効であるといえる。

ケース②：入札の初期段階における対象会社の調査

　入札の初期段階で実施するノンアクセスDDも想定できる。M&Aにおける競争入札は、対象会社の買収に関心を示す複数社が買収条件を競い合う中で、売り手が適切な買い手を選定する目的で実施される。競争入札の中では、入札初期の段階から、対象会社に関する深い事業理解を有することが競争入札上有利に働くことがある。一方で、対象会社へのコンタクトは制限され、対象会社に関する詳細な内部情報の入手はできないため、買い手は予備的な分析・調査という建付けのノンアクセスDDを実施することになる。

ケース③：MOUの条件交渉のための調査

　MOU（Memorandum of Understanding）[13]締結は、M&A取引のスキーム（枠組み）、買収予定価格、停止条件など重要な条件を決める1つの節目となる。本格的なビジネスDDはMOU締結後になることが多いことから、MOU締結前の事前調査として対象会社の実態やリスクの把握をしたい場合、ノンアクセスDDを実施する。これにより、MOU締結時点で誤った意思決定や判断を回避し、M&A交渉を有利に進めることが可能となる。さほど間を置かずに本格的なビジネスDDを控えていることから、本ケースでのノンアクセスDDは、重大な意思決定・判

13　M&A取引の諸条件について、最終契約書の締結に先立って、交渉途中の段階で定めた基本合意書をいう。MOUにより、買い手・売り手の間でデューデリジェンスの実施について確認がなされる場合が多い。

断回避など、リスクコントロールの意味合いが強い。

ケース④：敵対的買収

敵対的買収[14]の場合の買い手は、秘密裏に交渉戦略や買収提案を検討しており、対象会社への接触を想定しない。対象会社へのアプローチの後でも、買い手の買収提案に反対する状況では、DDの実施提案に対し同意されないのが通常である。敵対的買収の場合では、検討から交渉段階に至るまで、対象会社の内部情報の入手は困難であることから、ノンアクセスDDが必須となる。

ケース⑤：調査承認が得られない場合

敵対的買収でなくとも、対象会社からDD実施の承認が得られない場合がある。例えば、ある会社が、非上場のグループ子会社の第三者への売却を検討中とする。売り手である親会社は、当該グループ子会社の事業内部まで把握できておらず、株式の株価算定やストラクチャリングのために子会社事業を調査する必要がある。子会社が他社への売却に難色を示す場合、親会社に対して非協力的な姿勢を示し、詳細な内部情報の開示を渋ることがある。

図表 3-2：ノンアクセスDDが活用されるシーン

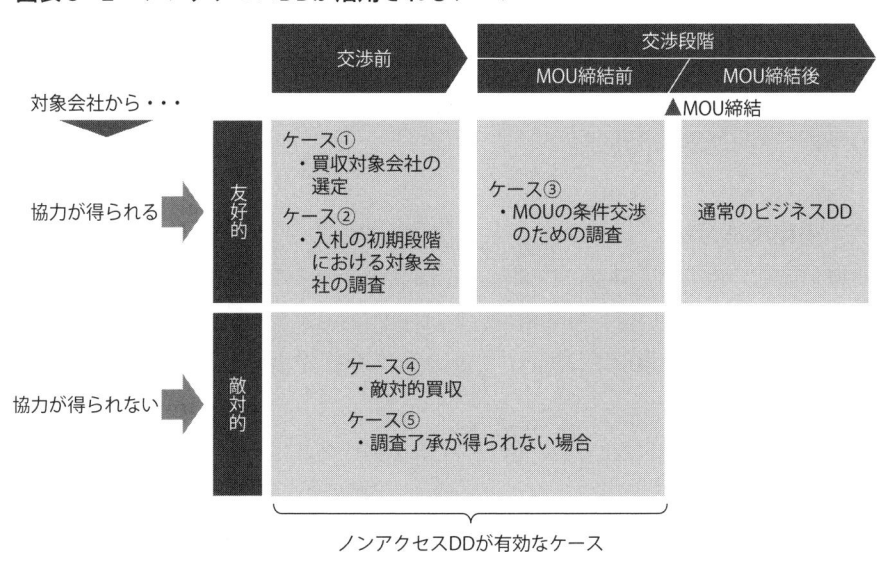

14　対象会社の取締役会の同意を得ないままに進められる企業買収をいう。

親会社によるグループ子会社に対するガバナンス[15]が脆弱であり、子会社の経営状態を十分に把握していないケースは意外と多い。このような場合には、限られた情報をもとにノンアクセスDDを実施することで、グループ子会社の実態を把握することとなる。

(3) ノンアクセスDDの進め方

ノンアクセスDDにおいても、通常のビジネスDDと分析・作業の進め方は同様である。対象会社への情報アクセスの制約を踏まえて、DDの進め方において実務上留意すべき点を説明する。通常のビジネスDDにおける「①ビジネスDD計画の策定」、「②事業構造分析」、「③業績構造分析」、「④修正事業計画の策定」、「⑤シナジー分析」の各ステップにおいて、ノンアクセスDDとの相違点を踏まえて解説する（**図表3-3**参照）。

①ビジネス・デューデリジェンス計画の策定

DD計画策定は、ノンアクセスDDにおいても最も重要なステップである。調査範囲（スコープ）は対象会社の事業概要を踏まえて、調査の注力領域を定める。外部情報においても入手可能な情報の深さにも影響されるが、通常のビジネスDDにおいても初期的な調査・リサーチのみを踏まえて、調査範囲の設定を行うことが多い。外部情報を踏まえ、仮説も交えながら、調査対象とする事業や製品・サービスを定めていく。

②事業構造分析

事業構造分析では、外部／内部環境の両面から分析が実施される。「BDD個別編シリーズ」Ⅱにおいて、外部環境分析はマクロ環境分析、市場動向分析、競争環境分析があり、内部環境分析は、ビジネスプロセス分析やビジネスインフラ分析としている。

ノンアクセスDDにおいても、前者の外部環境分析については、通常のビジネスDDと大きく変わるものではない。つまり、外部調査機関や証券会社のアナリストレポート、各種データベースや業界紙など、対象会社へのアクセス有無に関

---

15 ガバナンスとは、企業統治のことを意味し、企業を健全に運営するための仕組みのことをいう。

係なく得られる情報が分析対象の中心になる。

一方で、内部環境分析では、ノンアクセスDDにおける情報アクセスの制約の影響を受ける。対象会社のバリューチェーンの適切な分解・把握や強み・弱みの抽出は、対象会社からの内部情報なしでは正確に把握することが難しい。通常のビジネスDDでは、対象会社の経営陣や社員へのインタビューからも情報を取得できる。一方、ノンアクセスDDでは、対象会社の事業状況に知見を有する業界知見者らへのインタビューや外部調査機関の活用などを通じて、その実態把握に努めることになる。

③業績構造分析

業績構造分析では、対象会社内部にしかない業績関連の情報を知ることができず、分析範囲や深度は限定的にならざるを得ない。ノンアクセスDDでは、対象会社が上場企業であれば、有価証券報告書やIR情報を頼りとして、業績構造分析を実施することになる。したがって、その場合の分析視点は公開情報に沿うことになる。有価証券報告書には、セグメント別／事業別の業績情報が掲載されるが、製品・サービス群など、細分化された情報は公開されない。ノンアクセスDDでは当該情報限りでの分析に努めることとなる。

一方、競合他社へのベンチマークによるROA[16]、ROE[17]、ROIC[18]分析では、ノンアクセスDDでも示唆を得ることが多い。公開情報でも実施可能であり、ぜひノンアクセスDDでも活用したい。

上述したとおり、ノンアクセスDDでは、通常のビジネスDDと比べても入手情報・データが少ない分、限られた情報から示唆を抽出することが肝要だ。

④修正事業計画の策定

通常のビジネスDDでは、対象会社が策定した事業計画をベースとして、各種分析結果や財務DDなど他DDの共有事項を踏まえて、買い手視点での修正事業計画を作成する。ノンアクセスDDでは、そもそも対象会社の事業計画は入手不可能であり、他のDDも実施されない。精緻な事業計画の策定は不可能であるが、

---

16 ROA：Return on assets。総資産利益率
17 ROE：Return on equity。自己資本利益率
18 ROIC：Return on invested capital。投下資本利益率

対象会社が過去に外部公開した計画数値や、投資アナリストが独自に作成・検証した計画などを参考にしながら、必要に応じて簡易的に修正事業計画を作成することとなる。

⑤シナジー分析

　シナジー分析では、買い手と対象会社の協業による企業価値向上の余地について検討する。通常のビジネスDDでは、シナジーの施策レベルで検討して定量化まで行う。対象会社の情報が限定的なノンアクセスDDでは、具体的施策の検討までは困難であるが、シナジー創出の領域の探索を行うことには十分な意義がある。両社事業や機能間の協業で、シナジーが創出され得るかの感触をつかむことが、買い手として、対象会社の買収を進めるか否かの重大な意思決定に資するだろう。また、シナジーと同時にディスシナジーに目を向けることも重要である。もし重大なリスクが想定されれば、この情報もまた意思決定の重要な判断材料の1つとなるだろう。

図表3-3：ノンアクセスDDの調査範囲と留意点

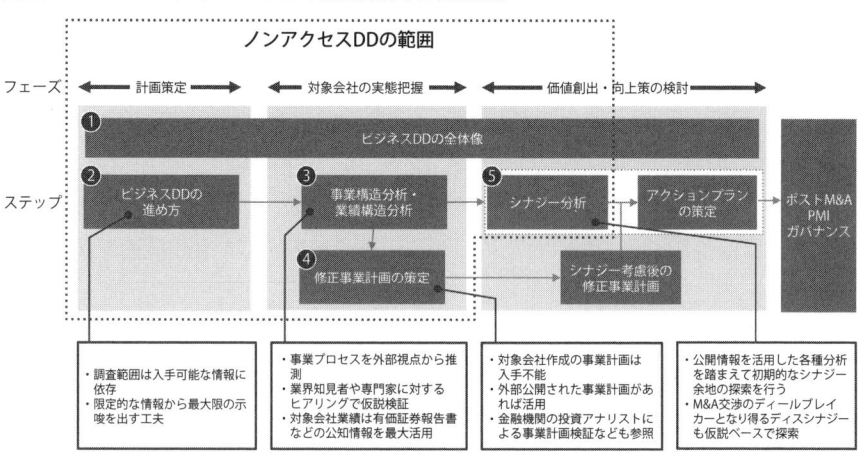

3 ショート・デューデリジェンス

(1) 概　要

　ショートDDとは、対象会社へのアクセスは可能であるが、作業実施期間が極端に短い場合に簡易的に実施されるDDをいう。

　対象会社の事業特性上、開示書類を共有するデータルーム[19]を、限定的な期間しか開設できない場合がある。社内外への情報漏洩の回避や、対象会社が（季節変動が大きい事業の場合に）通常業務に影響が少ない期間だけのDD受入れとするなど、DD期間が極端に短く設定される場合がある。

　また、多数の子会社を保有する企業群がM&A取引の対象にある案件では、子会社1社のDDに費やせる時間・労力は、買い手にも売り手にも限界がある。子会社群の中で重要性を見極め、重要性が低い子会社については、簡易的なショートDDが実施されることになる。

(2) ショートDDの留意点

　通常のビジネスDDとの比較において、ショートDDの留意点は以下の5つがあげられる（**図表3-4**参照）。

図表3-4：ショートDDにおける留意点

① 買い手の重要論点に応じて慎重に調査範囲を設定する
② 参画メンバーまで"ショート"させずに十分な人員を確保する
③ 対象会社へのアクセス期間はインタビューを最優先にする
④ 対象会社へ開示依頼する資料項目はあえて細かい粒度とする
⑤ DD実施以降にも追加の質疑応答の機会を設けるよう工夫する

19　デューデリジェンスにおける対象会社からの情報開示・共有を目的に開設されるスペースをいう。かつては、物理的な情報開示専用の部屋を設けて、DD実施者が直接、書類にアクセスしていたが、昨今はウェブ上で電子化された資料が共有されることが多い。後者をバーチャルデータルーム（VDR）と呼ぶ。

①買い手の重要論点に応じて慎重に調査範囲を設定する

調査範囲のすり合わせでは、調査範囲の広さと深さの設定について検討する。ショートDDでは網羅的な調査ができず重要な論点に絞った調査となるため、念入りに実施すべきである。特に、調査範囲の特定は、買い手の立場や特性によって適切な調整が必要だ。

例えば、買い手が、対象会社の同業他社や業界に知見を有するストラテジックバイヤー[20]である場合、対象会社の事業や業界環境は大まかに把握している。一方で、対象会社内部の状況や事業実態に関しては、ショートDDの機会に集中的な分析が求められる。DD期間が限定される場合、既知の領域は調査範囲に含めず、買い手が重要視する論点に焦点を絞った調査設計とすることが肝要だ。

一方、フィナンシャルバイヤー[21]が買い手であれば、特定の重要論点のみならず、業界全体における対象会社の位置づけや、対象会社の強み・弱み、短中期的な市場環境の変化など、全体感の理解・把握を優先することが多い。投資ファンドでは、投資委員会において投資案件の全体理解を抑えたうえで、投資判断を下す必要があるからである。

このように、ショートDDの実施者の要請・ニーズに応じて、具体的な作業に着手する前の準備段階において、調査範囲のすり合わせを慎重に丁寧にじっくりと実施することが重要である。

②参画メンバーまで "ショート" させずに十分な人員を確保する

第三者のアドバイザリーファームに依頼せず、買い手が社内メンバーによりショートDDを実施する場合、日常業務と並行しながらの特命業務となる場合が多い。ショートDDでは、調査範囲は限定されても、DD期間中の業務負荷は通常のビジネスDDと一切変わらない。むしろ、短期間での集中的な作業となるため、業務負荷は通常のビジネスDDより大きい場合も多い。したがって、ショートDDの担当メンバーは、可能な限りDD専任とするように、DD担当者以外との日常業務の調整などを図りたい。また、十分な参画メンバーを確保し、人員が足りない場合には、社内外のリソース活用なども検討すべきである。ショートDDは実施

---

20 自社の経営戦略実現を目的とした買収を行う企業をいう。ストラテジックバイヤーの場合、シナジー創出効果を重要視する一方、短期間でのエグジットは想定せず、中長期保有を前提とすることが多い。
21 自社の投資資金のリターン最大化を最重要視した投資を行う企業をいう。フィナンシャルバイヤーの場合、投資先企業の企業価値向上策を短中期で実現し、エグジットにより投資資金回収とリターンを狙う。

期間や調査範囲を絞り込んだDDであり、人員までショートさせることがあってはならない。

③対象会社へのアクセス期間はインタビューを最優先にする

対象会社の都合上、対象会社へのアクセス可能な期間が制約され、融通が利かない場合が多い。例えば、アクセス期間が数日や1週間しかないこともある。そのような場合、この期間にしか対応できない作業など、適切な優先順位づけが重要になる。特に、対象会社の経営幹部や従業員に対するインタビューは最優先とすべきであろう。インタビューにおいても、外部環境などに関連する聞き取りは避け、公開情報ではアクセスしきれない内部状況など、対象会社の人間からしか入手し得ない情報に絞り込む。一方、対象会社以外の業界知見者や専門家に対するインタビュー、各種提供書類の分析作業については、対象会社へのアクセス期間以外で実施すべきである。ショートDDでは、貴重なコンタクトの機会を最大限活用すべく、DD作業やスケジュール設計をしたい。

④対象会社へ開示依頼する資料項目はあえて細かい粒度とする

上述したインタビューでは、単に対象会社内部の情報収集に留まらず、事前に対象会社の事業を理解して仮説も構築しておくことが望ましい。インタビューでは、その仮説の検証に集中できるのが理想だ。インタビューに先立っては、対象会社から開示を受ける資料で、対象会社に関する理解を深められるかが重要である。したがって、意識的に詳細な開示資料を入手しながら、一通りの分析や仮説構築を済ませてインタビューに臨みたい。この点、通常のビジネスDDと変わることはないが、ショートDDの場合は、資料提供依頼の機会も最初の1回しかないことを前提とすべきである（通常のビジネスDDであれば、DD期間中に追加の資料依頼も可能であることが多い）。したがって、最初の資料提供依頼リスト[22]では、資料事項を細かい粒度で要求することが大事である。

22　初期資料依頼リスト（Initial Request List：IRL）とも呼ぶ。

⑤DD実施以降にも追加の質疑応答の機会を設けるよう工夫する

DD実施者[23]は、制限された期間内でインタビューを実施し、その前後に詳細分析を実施する。インタビュー後には、どうしても対象会社への追加確認事項が出てくる。DD実施後、条件交渉の期間などでも、再度対象会社への追加の質疑応答やインタビューの機会をあらかじめ設定しておきたい。売り手・対象会社側の対応次第ではあるが、まとまった時間が確保しづらい場合でも、メール・電話などで確認できるような関係性構築をするなど、短期間ながらも意識したいところだ。

4 セルサイド・デューデリジェンス

(1) 概　要
①セルサイドDDとは

これまで、M&Aにおける買い手の視点からビジネスDDを論じてきたが、本節では逆の「売り手」の視点に立ったセルサイドDDについて解説する。セルサイドDDの場合、売り手と対象会社（経営者）が同一のようなオーナー企業の場合もあれば、売り手は第三者の株主の場合もある。その関係性やDD実施主体により、セルサイドDDの活用方法も異なる。ただし、本節では、対象会社の株主や経営者など、売り手（セルサイド）自身が自ら実施するビジネスDDについて解説する。

②セルサイドDDの定義

セルサイドDDとは、売り手が、売り手の立場から対象会社に対して実施するDDである。売り手は、対象会社の実態や企業価値については、セルサイドDDを実施するまでもなく熟知しているのが当然と思われそうだが、現実はそうではない。意外と自社の実態について把握しきれていない場合が多いのである。むろん、セルサイドDDはビジネスDDのみに限らず、財務や税務など必要に応じたDDが活用される（ただし、本書ではセルサイドDDの中でもビジネスDDのみを解説する）。

23　ビジネスDDは、買い手が自社で実施する場合や、アドバイザーに作業を委託する場合がある。ここでは、その両者を含めて、実際にビジネスDDの作業担当する人をDD実施者と呼んでいる。

なお、セルサイドDDは、セラーズDDやベンダーDDとも呼ばれる。特に、ベンダーDDは、M&Aの競争入札における潜在的買い手候補先に対して、対象会社に関する情報の一律開示を目的として、第三者アドバイザーを起用して実施されるDDをいう。

③セルサイドDDの目的

セルサイドDDの目的は、対象会社（自社）の適正価値の把握や潜在的なリスクを把握することである。セルサイドDD実施者は、M&A取引における価格・条件交渉における論点を事前に把握できる。また、上述のベンダーDDのとおり、競争入札への参加者に対する一律の情報開示による公平性の担保や、入札プロセスの円滑化も目的としてあげられる。

M&A取引における価格交渉では、売り手と買い手の間で双方が納得する落としどころを探りながら、ギリギリの攻防が行われる。買い手は、高値づかみによる買収により、社内外のステークホルダーから批判を受けようとも、買収後の経営努力により企業価値向上を図る機会がある。一方で、売り手は、安値売却に対するステークホルダーからの批判には（株式売却の後では）為す術を持たない。このような場合、当該売却条件に至った経緯を論理立てて説明する必要がある。セルサイドDDは、売り手の適切な売却条件における意思決定材料としての活用もできる。

④セルサイドDDの重要性

対象会社の事業計画の準備

M&Aにおける売買価格水準は、M&A交渉の最初に対象会社が提示する事業計画に左右されることが多い。買い手は、対象会社が提示する事業計画を出発点に、ビジネスDDを通じた各種分析・考察結果を修正事業計画として反映する。ビジネスDD実施後の条件交渉では、買い手／売り手双方が、場合によっては当該計画の論拠を示しながら、お互い主張する場となる。したがって、売り手はセルサイドDDを実施することで売り手視点の事業計画を策定し、売却想定価格（セラーズバリュー）も算出しながら買い手とのM&A交渉に備えることができる。

買い手の交渉材料を事前に把握

売り手は、M&A交渉に先んじて、対象会社の強みや弱み・課題、潜在的リス

クなどを認識しておくべきである。買い手側は、ビジネスDDの実施により、対象会社の事業実態や潜在的リスクを把握し、売却価格や契約書条件などの交渉材料として活用する。売り手は、セルサイドDDによって、あらかじめ買い手が交渉材料としそうなリスクを抽出し、事前に対応策を検討する必要がある。例えば、買い手からの、あるリスクに対する買収価格減額要求が想定されれば、売り手視点から、当該指摘の論拠に対する抗弁材料を準備しておく。このように、具体的な対応策を先回りして整理しておくことで、買い手とのM&A交渉を有利に進めることができるだろう。

円滑な競争入札の運営・実行

　売り手による対象会社の売却プロセスは、買い手候補企業との相対取引や競争入札の場合がある。競争入札の場合には、いくつかの段階を経て買い手候補企業の絞り込みを行う。通常、買い手が行うビジネスDDは、売り手作成による実施要綱のもと、複数企業が同時に進行することになる。したがって、売り手や対象会社は、複数者によるビジネスDDを同時に受け入れることで、相当な業務負荷が発生する。そのような場合に、あらかじめ実施するセルサイドDDが有効に働く。対象会社に関する事業や強み・弱みやリスクなどを買い手候補企業に一律に開示することにより、各社の似通った資料開示依頼や質問・インタビュー対応などを効率化できる。競争入札の円滑な運営により、売り手や対象会社のビジネスDD受入れの業務負荷を大幅に軽減させることにつながるだろう。

⑤買い手としてのセルサイドDDの重要性

　売り手によるセルサイドDDは、買い手にとっても好ましいことである。買い手は、M&A取引終了後、シナジーなどの企業価値向上施策の実行に移行する。ビジネスDDや条件交渉の期間中は、不必要な交渉に時間を費やさず、シナジーやQuick Hits[24]施策検討や具体的な実行計画の策定に集中できるのが理想的である。対象会社の価値について、買い手と売り手の認識差が小さいほうが交渉は円滑に進みやすい。一方、売り手の認識が適正水準から大きく乖離する場合には注意を要する。正当な論拠なく過剰な売却価格や諸条件を主張する場合、交渉が長引くおそれがある。

24　シナジーのうち、買収直後等、早い段階での実現が期待できる施策・効果。

売買条件の円滑な妥結のためにも、買い手としては、売り手がセラーズDDを通じて対象会社の適正価値を認識することは大事なことであるといえる。

(2) バリューストラクチャの検討プロセス

バリューストラクチャは、売り手目線からのセラーズバリュー、ビジネスDDの分析結果を反映したスタンドアロンバリュー、そして買い手がシナジーを織り込んだバイヤーズバリューで構成される。セルサイドDDにおけるバリューストラクチャの取扱い方は、買い手のものとは異なるため、以下に詳説しておきたい。

①買い手目線のバリューストラクチャ

買い手は、対象会社が提示する事業計画をもとにセラーズバリューを算定する。事業計画には（バリュー算出に必要なもの以外の）一切の調整を加えず、売り手が想定する対象会社価値としてセラーズバリューを把握する。次に、ビジネスDDの実施後に、買い手はスタンドアロンバリューを算出する。スタンドアロンバリューは、買い手との協業を前提としない対象会社の実態的な価値といえる。換言すれば、対象会社が現状のまま事業を継続した場合の価値でもある。スタンドアロンバリューには、買い手が実施するビジネスDDで検出されたダウンサイドリスクなどが反映される。最後に、買い手が見出したシナジーを加減したバイヤーズバリューを算出する。買い手と対象会社の協業により、企業価値向上に資するシナジーを定量化し、事業価値として織り込む。バイヤーズバリューは、当該M&A取引において買い手が最大限許容できる買収価格の上限金額ともいえる。

②売り手目線のバリューストラクチャ

売り手の売却期待価格

売り手が対象会社を売却する際、まずは売り手としての売却希望金額の設定から始まる。**図表3-5**が示すバリューストラクチャにおいて、右端にある「売り手の売却期待価格」が出発点となる。売り手は、対象会社の株式所有者であり、過去に当該株式取得のための対価を支払っている。株式売却において、売り手は株式保有した期間の期待利回りが正当に売却価格に反映されることを期待する。一方で、適正な期待利回りとは主観的でもある。オーナー会社の場合、対象会社に対する思い入れも強いことから、オーナーが想定する適正利回りは一般水準よ

り高く見えることもある。

　売り手は、過去に拠出した出資金や投資額に対する適正な利回りと、対象会社に対する感情的な思い入れも含めて売却希望価格を設定する。一般的に、売り手としての売却価格は高いほうが望ましいことがほとんどだが、実際には売却価格の多寡のみならず、対象会社の事業や従業員雇用継続などの条件も総合的に勘案した意思決定が行われることになる。

売り手目線によるバリューストラクチャ検討プロセス

　売り手は、「売り手の売却期待価格」（①）を検討すると同時に、対象会社の過去業績をもとに実態的な実力値としてのスタンドアロンバリュー（②）を算定する。売り手として「売り手の売却期待価格」の見当がつかぬ場合、スタンドアロンバリューを算定するところから始める場合もある。

　スタンドアロンバリュー算定の後は、買い手候補の事業環境や事業構造を分析のうえ、シナジー施策を想定しながら効果を定量化し、バイヤーズバリュー（③）を推定する。これにより、買い手が買収価格として許容しうる水準を概算でもつかんでおけば、相手の心境を読みながら交渉を進めることができる。その結果を踏まえて、売り手は適切な水準のセラーズバリュー（④）を見極めると同時に、

図表3-5：買い手と売り手のバリューストラクチャ検討プロセス

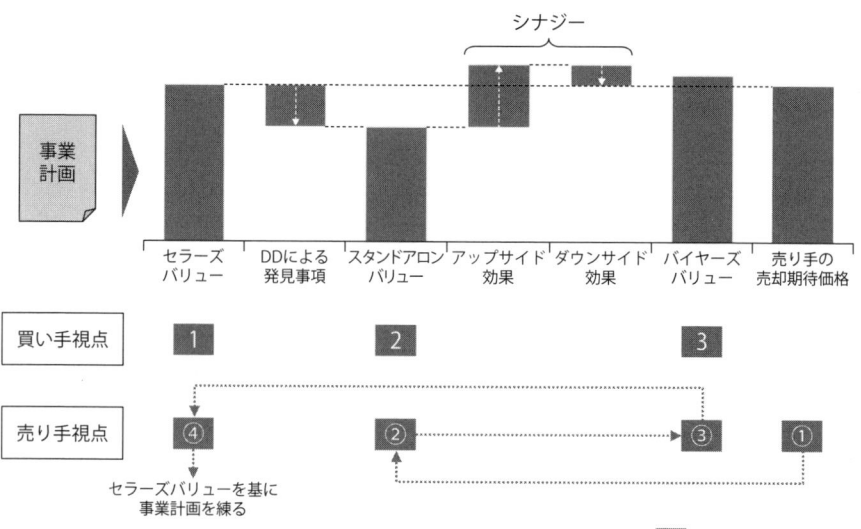

セラーズバリューの基礎となる事業計画を策定する。

(3) 売り手視点でのバリューの意味合い

　売り手から見たバリューストラクチャにおけるそれぞれのバリューの概念や算定方法も、買い手のそれと少し異なる。売り手目線から、上述したバリューストラクチャの検討プロセスの流れに沿って、スタンドアロンバリュー、バイヤーズバリュー、セラーズバリューの順番で説明したい。

①売り手にとってのスタンドアロンバリュー

主観的なスタンドアロンバリュー

　スタンドアロンバリューとは、対象会社が現状のまま事業を継続した場合の価値であることは上述のとおり。ここでは、事業価値がわかりづらい非上場のオーナー企業を例にとって、スタンドアロンバリューの意味合いを説明する。

　非上場のオーナー企業は市場株価がないため、自社の企業価値を把握するにはバリュエーションを実施するほかない。対象会社の事業実態を最もよく認識するのは経営者、つまりオーナーである。したがって、オーナー会社が社内算定するスタンドアロンバリューは、一定の精度をもって推定されるはずである。ただし、事業への思い入れ次第では、感情的な部分から自社の価値はもっと高いと信じるオーナーも少なくない。反対に、稀なケースではあるが、オーナーが自社の価値を保守的に見積もり過ぎることもある。このように、売り手としてのオーナー視点のバリューは主観に左右される要素を多分に含むことになる。単にオーナーが思いつきで言った希望価格とはむろん異なるものの、主観性が多分に含まれているという点で、まだ、「売り手の売却期待価格」に近いともいえる。

スタンドアロンバリューに客観性をもたせる

　会社売却のプロセスでは、オーナーの主観により設定される売却希望価格で妥結することはない。スタンドアロンバリューは客観的な考察・分析により、単なるオーナーの独り善がりではないことを示す必要がある。そのために、オーナーは、市場における自社の強みや評価されるポイントを認識し、現実的な売却金額の水準を冷静に捉える。これが、セルサイドDDの目的の１つであることは、上述したとおりだ。

　オーナーが対象会社の事業価値の適正水準を把握するには、主に２つの方法が

61

考えられる。M&A市場における類似取引事例との比較とフェアな価値算定である。

客観的な検討によりスタンドアロンバリューを検討する

本事例のように、非上場のオーナー企業の場合、同一業界における同水準規模の企業や、他業界でも類似するビジネスモデルの企業事例を参考にする。過去に行われた類似企業に対するM&A事例から、被買収会社の売上、収益、資産等の指標、および最終的な売却価格に関する情報を入手する。類似取引事例を参考にしながら、自社の事業価値の適正水準を推計することで、スタンドアロンバリューの参考の1つにできる。さらに、オーナー自ら自社の価値算定を実施することで、客観性を補うことができる。オーナーが認識する自社の事業実態や今後の見通しについて、できるだけ論理的な前提のもとで事業計画に落とし込む（なるべく主観性を排除した計画としなければ意味がない）。当該計画に基づいて、DCF法などの手法を用いて行われる価値算定は、スタンドアロンバリューの説得性を上げるためのもう1つの材料となり得るだろう。

狭義／広義のスタンドアロンバリュー

売り手（オーナー）自身が事業計画を策定する際に、客観的な論拠に基づいた前提に留意すべきことは述べたとおりだ。そのうえで、事業計画に織り込まれるいくつかの前提にも注意する必要がある。

図表3-6：2つのスタンドアロンバリューとバイヤーズバリュー

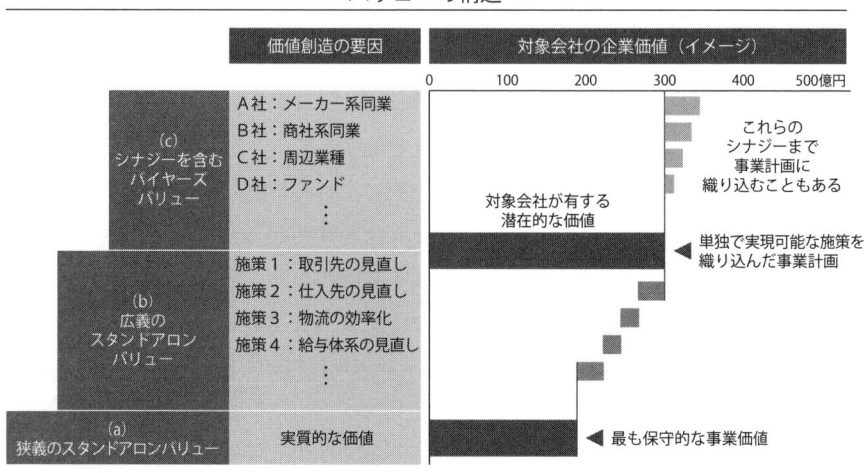

　図表3-6の「(a) 狭義のスタンドアロンバリュー」は、保守的な前提に立った事業計画をもとにした企業価値である。例えば、社外の取引先（メインバンクなど）への説明用に保守的な事業計画を策定する場合がある。売り手のオーナーとしては、外部のステークホルダーの過度な期待を避けるべく、保守的な売却価格水準を見せておきたい意向や、対象会社の事業部門でも、M&A後に十分に計画達成できる水準に留めておきたい考えが働く。業績改善・良化させ得る各種施策は織り込まずに、現状維持の保守的な計画が策定される。これが「狭義のスタンドアロンバリュー」のもととなる。

　一方、対象会社による潜在的な業績改善施策も前提としたものが、「(b) 広義のスタンドアロンバリュー」である。企業は、企業価値向上に資する具体的な施策案を抱えているものである。社内の諸事情により実行力を欠き、長年棚上げにされた施策などもある。通常業務に手を取られて人員確保が難しい、人事異動で担当者が不在になった、経営幹部のコンセンサスが得られなかったなど、実現に至らない理由はそれぞれだ。しかし、対象会社の売却を契機に、当該施策が実現できれば企業価値向上に貢献する。売り手視点では、潜在的な施策案の具体性が高ければ高いほど、スタンドアロンバリューに織り込まれる納得性は高い。売り手ができるだけ高値での売却を狙う場合には、施策案の実現性について十分検討したうえで、「(b) 広義のスタンドアロンバリュー」をスタンドアロンバリューとすればよい。

②売り手にとってのバイヤーズバリュー

　バイヤーズバリューは、買い手が新株主として対象会社と協業することで創出されるシナジーを前提としたバリューである。ここでは、売り手側が、買い手候補と想定されるシナジーの規模感を推計する。図表3-6では、「(c) シナジーを含むバイヤーズバリュー」がこれにあたる。

買い手候補と、それぞれの想定シナジーを推計する

　シナジーには、例えば、買い手が新たに株主となることで創出される売上増や事業統合による共同事業展開、新製品の共同開発による研究開発の効率化、設備や工場の共同利用によるコスト削減効果などがあげられる。シナジーは、買い手の事業や組織／機能を、対象会社の経営資源と融合することで実現するものである。したがって、買い手次第で全く異なるシナジー施策が想定され、実現確度も

異なる。売り手目線でバイヤーズバリューを推計する場合、まずは買い手候補となりうる業界や企業をイメージする。バイヤーによるシナジー施策の検討までは難しいことから、シナジー領域を大まかに検討し、財務インパクトの規模感を概算する程度で十分である。

シナジーのバリューへの織り込み

買い手が将来創出するシナジーを、売却価格に含めるべきかという議論がある。シナジーは、本来、買い手が享受すべきであり、売却価格には含まれるべきでないという主張である。しかし、現実的には、売り手もシナジーの一部を享受するケースが多い。外食チェーンがある小売業の会社を買収した事例では、競争入札の末、買い手が提示した買収価格の実に7割以上がシナジーに基づく価値であった。このような状況は、スタートアップやネット関連企業などでも起こりやすい。

いずれにせよ、売り手自身が、バイヤーズバリューを推定する目的に立ち戻れば、買い手が買収価格として許容しうる水準を概算でも把握することである。買収価格へのシナジーの織り込みは、買い手との実際の条件交渉の中で決まってくる。この段階では、あくまで売り手による売却価格の最大理論値の目線として参考にする程度が良い。

③売り手にとってのセラーズバリュー

最後に、M&A取引において価格交渉の出発点となるセラーズバリューである。売り手として、「売り手の売却期待価格」、「スタンドアロンバリュー」、「バイヤーズバリュー」の検討を踏まえて、現実的なセラーズバリューの水準を探っていく（**図表3-7**参照）。

スタンドアロンバリューと期待する売却価格との比較

まず、売り手は、スタンドアロンバリューと売り手の売却期待価格とを比較検討する。売却期待価格がスタンドアロンバリューを下回る場合は問題ないが、その逆の場合は、バイヤーズバリューの想定水準が重要となる。バイヤーズバリューが売却期待価格を上回る想定の場合、スタンドアロンバリューを下回っていても買い手との間で案件成立しうる余地がある。売り手の売却期待価格は買い手の最大許容値内であり、売り手としては買い手のシナジー創出機会を訴えることができる。このような場合、売り手にとって、セラーズバリューを売却期待価格の近辺とすることは、一定の合理性がある。一方、スタンドアロンバリューの

図表3-7：セラーズバリューの落としどころ

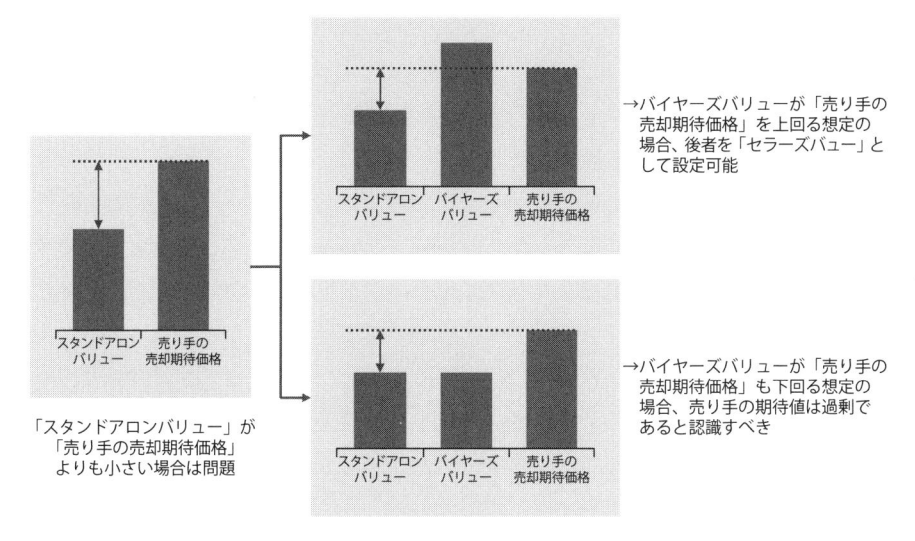

→バイヤーズバリューが「売り手の売却期待価格」を上回る想定の場合、後者を「セラーズバリュー」として設定可能

「スタンドアロンバリュー」が「売り手の売却期待価格」よりも小さい場合は問題

→バイヤーズバリューが「売り手の売却期待価格」も下回る想定の場合、売り手の期待値は過剰であると認識すべき

みならず、バイヤーズバリューも売却期待価格を下回る場合には、要注意である。売り手は、実態をともなわない過度な売却期待価格としている可能性がある。このような場合、売り手は、対象会社の本来の価値を冷静に見直すべきであろう。そのうえで、セラーズバリューを見極めていくべきである。

　ある事例では、対象会社の営業利益率が過去5年にわたって1%弱の低成長であり、事業環境の好転も期待されない中、対象会社が提示した事業計画は急激な売上高／営業利益の改善が見込まれていた。業績改善の明確な根拠も示されず、買い手は、ビジネスDDにより現実的な修正事業計画を策定した。対象会社がこのような事業計画を主張した場合、買い手側から猜疑心すら持たれる場合があり、M&A交渉上も不利に働く可能性があるため、注意が必要だ。

5　親会社によるデューデリジェンス

　グループ再編の中で、親会社が子会社に対してビジネスDDを実施する場合がある。それは、グループ子会社の売却やグループ内再編の検討、一部事業部門の売却などにおいて実施される。売り手側が自社グループにおける対象会社へのDDを実施するという意味を考えるに、本質的には前節で述べたセルサイドDDの

一部であるといえる。本節では、グループ再編等のシーンで活用されるDDの特徴について詳説する。

（1）親会社によるビジネスDDが活用される３つのシーン

①グループ子会社の売却

　企業内組織として、グループ子会社の管理を担当するグループ経営管理部や、経営企画部などの部署がある。しかしながら当該部署では、予決算などの計数管理が主業務の場合も多く、各グループ子会社の事業実態や活動状況など、詳細に把握しきれていないことも多い。特に、大企業グループを形成している場合や、親会社の中核事業との関係性が薄い場合など、親会社は子会社の事業構造すら理解していないこともある。そのような状況下、当該子会社を売却する必要がある場合に、事前の準備段階でビジネスDDを実施することがある。

②グループ内再編

　多くのグループ子会社を擁する企業グループの場合、類似の業務内容や機能を持つ子会社が複数存在することもある。そのような機能重複の整理などを目的とした子会社統合の実施などは、グループ内再編の典型例である。またグループ内再編では、複数のグループ子会社の共通・類似機能の切り出し・統合という場合もある。ただし、単純に類似機能を統合するだけで効率化は果たせず、逆効果となる場合もある。統合メリットを計るには、営業機能の重複度合いや、製品・サービスのクロスセリングの難易度など、統合対象の実態を慎重に精査する必要がある。また、同じグループ子会社とはいえ、会社ごとの企業文化や価値観は異なるものである。円滑な統合を果たすには、統合前の各社の実態把握が重要である。このようなケースでも、親会社により対象子会社らに対するビジネスDDを実施することは有用である。

③部門売却

　企業内の一部門だけ売却することがある。特定の事業部を売却するM&A取引は、カーブアウトと呼ばれる。組織の一部を切り離す場合、当該組織が単独で経営・事業体として機能するか、企業内の他の管理部門や、事業部門に対する依存性がないかの整理が極めて重要になる。例えば、ある事業部の売却において、社

内の他事業部の調達機能や物流機能に依存している場合、売却対象が欠如する機能の補完方法が大きな論点となる。これをスタンドアロンイシューとも呼ぶ。そのような場合、売却対象事業が依存する他事業部とあわせた売却範囲へ変更する、当該機能の外注・業務委託化を図るなど、スタンドアロンイシューの対応はさまざまである。カーブアウトによる事業売却において、あらかじめどのようなスタンドアロンイシューが想定されるか、対象事業に対するビジネスDDを実施することがある。なお、カーブアウトによるM&Aに対し知見を有する専門家が、カーブアウトアセスメントとして実施する精査作業もある。

（2）親会社によるビジネスDDの意義

　主にグループ再編において実施されるビジネスDDは、親会社による対象会社／事業の実態把握以外にも、以下のような実務的な意義もある。基本的には、前節のセルサイドDDで述べたポイントと同じである。

交渉論点の把握

　買い手との条件交渉を念頭に、あらかじめ交渉上のポイントを整理する。親会社が、売却対象とするグループ子会社や特定部門と取引実績がある場合、子会社の業績に悪影響を及ぼさぬよう、買い手への売却後も1年間は既存条件を維持するなど、継続取引を約することがある。このように交渉を優位に進めるべく、ビジネスDDは交渉上の留意点を整理する目的でも有用である。

適切な事業価値の把握

　買い手との価格交渉において、事前に売却する子会社や部門の適切な事業価値を把握する。親会社は、グループ子会社や事業部の業績について、グループ内における仕切り価格などを前提とした管理会計の数値で把握している。一方、実際の売却では、実態ベースの収益力を前提としたバリュエーションが必要となる。ビジネスDDを実施し、売却対象の子会社・部門の実態収益力を把握することで、事前に適正価値を把握することが必要である。

ポストM&Aの姿の明確化

　ポストM&Aにおける事業体制の移行や、円滑な実行に向けた事前準備の意味合いは大きいといえる。ポストM&Aの第一歩は、当該M&A取引後の新たな体制を明確化することである。グループ内再編であれば、複数の子会社・機能の統合・整理の後、具体的な組織体制や活動方針などを策定することが肝要である。

その一環として各社・各機能の実態把握を目的とした場合、ビジネスDDの活用価値は高いといえる。

6 債権者によるビジネス・デューデリジェンス

買い手以外の主体者が実施するビジネスDDとして、債権者によるビジネスDDについて解説する。なお、第4章の派生型ビジネス・デューデリジェンスにおいても、事業再生局面におけるデューデリジェンスを説明する。本節では、債権者の立場で活用されるビジネスDDについて説明し、その中でも、後述する法的整理局面で新スポンサーが実施するようなビジネスDDについては、第4章にてその留意点などを概説する。

（1）債権者によるビジネスDDの対象会社

債権者によるビジネスDDは、対象会社が業績不振に陥っている企業や、大規模なM&A取引への融資判断を目的に実施されることが多い。本節では、前者の業績不振を想定した債権者によるビジネスDDの特徴について述べる。業績不振企業は、窮境要因を取り除くことにより、再成長軌道に復帰できるかが肝となる。債権者は、速やかな債権回収の要否、追加融資の可否を判断するため、対象会社の今後の見通しを見極める必要がある。このようなシーンで、ビジネスDDが活用される。

なお、債務超過企業は、実質的に債権者のコントロール下に置かれた状態に近いといえる。ここでいう債権者とは、一般的な金融機関のみならず、対象会社の株式・債権を保有する再生系の投資ファンドも含まれる。

（2）債権者によるビジネスDDの目的

債権者によるビジネスDDは、債権者による貸付先（対象会社）への対応判断を目的として行われることが多い。当該DDは通常の（M&Aの買い手が実施する）ビジネスDDとは異なり、買い手の（この場合は債権者の）内部組織による実行にはならず、通常は第三者のアドバイザーが起用される。ただし、当該DDの（表面上の）依頼主は債権者ではなく、対象会社とされる場合が多い。

債権者が事業再生局面でビジネスDDを活用する背景は、上述したとおり、対

象会社に対する支援方針を決定するためである。債権者は、債務者である対象会社の経営状態が悪化した場合、即刻、融資を引き上げるということはしない。たとえ融資契約における融資条件に抵触[25]しても、貸付条件を緩和したほうが倒産よりは回収額が大きいと判断すれば、支援を継続する。その場合でも、貸付条件のリスケジュール[26]などの返済条件変更が必要となり、対象会社事業の見通しを見極めることが肝要である。具体的には、対象会社が策定する事業計画を検証し、貸付条件を緩和すれば融資金の回収可能性が高まるか精査することになる。当該精査作業では、業績不振を招いた対象会社自身が策定した計画では納得性に乏しい。債権者からの支援協力を得るべく、対象会社は実態よりも楽観的な前提を置いた計画策定をする場合も多く、債権者としては第三者の客観的な精査が必須となる。

（3）債権者によるビジネスDDの実施シーン

　債権者によるビジネスDDは、上述した貸付条件緩和の判断が必要となるタイミングや法的整理の実行前に行われることが多い（**図表3-8**参照）。貸付条件緩和の判断タイミングは対象会社の状況次第ではあるが、対象会社の債務超過や債務不履行の可能性が目に見えてきた時期が多い。また、法的整理時は、業績不振の脱却に向けた自主努力の甲斐なく、民事再生手続きや会社更生手続きなどの再建型法的整理を迫られるタイミングとなる。いずれの場合でも、事業は危機的な局面を迎える中、対象会社に対するレピュテーション悪化による取引停止リスクや対象会社のキーパーソンの離反リスクなども抱えている。事業毀損のリスクを最小限にとどめ、迅速な対処策を検討する必要があり、緊急的なDD対応が求められる場合が多い。

①業績不振企業に対するデューデリジェンス

　対象会社の業績悪化により、債務超過や債務不履行のリスクが顕在化する中、債権者が貸付条件緩和（リスケジュール）や追加融資支援の可否などの判断のために行うものである。通常のM&A案件におけるビジネスDDとは異なり、対象会

25　債権者と債務者間の融資契約書におけるコベナンツ条項が代表的。財務制限や情報開示義務など、融資期間中に債務者側が維持しなければならない義務や制限を定めたものをいう。
26　債権者と債務者間の融資契約に定める融資条件の見直しをいう。債務者による返済額の減額や返済タイミングの見直しなどがある。

図表3-8：債権者によるデューデリジェンス

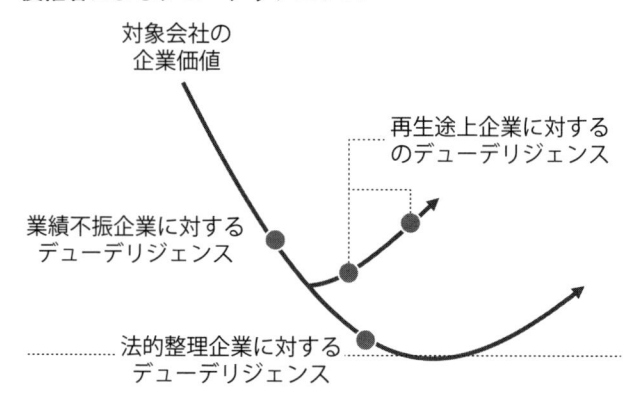

社の事業特性や競争優位性などが論点になることは少ない。今後、数年の短期的な業績予測の精緻化が主眼となり、市場動向に対する見立てをもとに、対象会社の事業見通しを分析する。債権者視点では、売上高・利益などのP／L予測のみならず、B／SやC／F予測の精緻化を通じて、債権回収の確度が慎重に精査されることになる。

　なお、当該リスケジューリングの実行後も、債権者は定期的に対象会社の経営環境や業績推移をモニターすることが多い。債権者がモニタリングを実施することが多いが、再生途上の過程において、個別にビジネスDDを実施する場合もある。

②法的整理企業に対するビジネス・デューデリジェンス

　債権者や対象会社の努力も実らず、対象会社が自主努力による再成長に至らなかった場合、法的整理による再建手法がとられることがある。民事再生手続きや会社更生手続きなどの再建型法的整理手法がありえるが、このようなシーンでもビジネスDDが実施されることがある。この場合、ビジネスDDの実施者にはいくつかパターンが考えられ、上述したリスケジューリングのケースと同様に、債権者（表面上は対象会社による依頼）と買い手側（新たなスポンサー[27]）の場合がある。

27　事業再生において対象会社の株主となる企業をスポンサーと呼ぶ。通常のM&Aにおける買い手企業と同義である。

　前者の場合は、対象会社の財務状態や事業実態を整理して、実質的な依頼者である債権者に報告することが目的である。再建計画などもあわせて提示することで、債権者に一部債権放棄などを要請するために、ビジネスDDの分析が活用される。一方、新たなスポンサーが実施するビジネスDDは、対象会社が法的整理予定の企業という以外には、通常のM&Aにおいて買い手が実施するビジネスDDと同様である（本ケースの留意点については次章の「事業再生局面におけるビジネスデューデリジェンス」で詳述する）。

　法的整理企業に対するビジネスDDでは、債権者による債権放棄が経済合理性に適うか否かが最大の論点となる。したがって、債権者の判断基準である「清算配当率（債権に対する利回り）」が、破産時と比較して高いことを確認することがビジネスDDの目的の１つとなる。ビジネスDD実施者は、事業実態を把握したうえで、債権者に求める債権放棄額と清算配当率を念頭に置き、事業計画や資金返済計画を検討する。

第 **4** 章

派生型ビジネス・デューデリジェンス

派生型ビジネス・デューデリジェンスの種類

経営リスクの多様化にともない、デューデリジェンスの実施内容や手法も変容している。本章では、ビジネスに関連した派生型のデューデリジェンスとして、以下の4つのデューデリジェンスそれぞれの狙いや留意点を概説する。

①オペレーショナル・デューデリジェンス

②ガバナンス・デューデリジェンス

③サステナビリティ・デューデリジェンス

④インテグリティ・デューデリジェンス

1 オペレーショナル・デューデリジェンス

オペレーショナルDDとは、その名のとおり、対象会社のオペレーションに着目したDDである。ビジネスDDにおいても事業オペレーションを精査することもあり、ビジネスDDとの関係性が明確でない場合もある。

オペレーショナルDDとビジネスDDの大きな違いは、ビジネスDDが対象会社の競争優位性を見極めて事業計画の蓋然性検証に重きが置かれるのに対し、オペレーショナルDDでは対象事業のオペレーションそのものに着目して潜在的リスクの把握を行い、オペレーションの改善機会の特定に注力する点である（**図表4-1**参照）。

なお、このようにビジネスDDとオペレーショナルDDを対比していう場合、市場分析や競争優位性、事業計画の蓋然性検証等をコマーシャルDDと呼称することが多い。

オペレーショナルDDは、対象会社の機能（バリューチェーン）に沿った形で、現状・実態把握から始まり、そのうえで潜在的リスクや改善可能性を見極める。その過程では、同種ないしは類似事業を営む企業をベンチマークとして検証を行うこともある。対象会社とベストプラクティスを有する他社のオペレーションの比較により、強み・課題が浮かび上がる。

オペレーショナルDDの分析結果は、他のDDチームと連携することが重要となる。特に、ビジネスDDとの連携では、計画期間における潜在的な追加投資リスクなど、事業計画への反映は必須である。また、オペレーショナルDDからコストシナジーに関する示唆が得られることが多い。シナジー施策はトップライン

（売上増大）に関するシナジーが注目されがちだが、実際にはシナジー顕在化まで時間を要する場合も多い。一方で、コストシナジーは比較的短期間で実行可能な場合も多く、即効性の観点からも重要性が高い。オペレーショナルDDでは業務・機能面を深く精査することから、コストシナジー施策に関する示唆をぜひとも期待したいところだ。

　また、オペレーショナルDDでは関連業界の現場に熟知した専門家の関与が望ましい。例えば、製造工場や物流現場オペレーションが調査対象の場合、現場作業の工程やプロセス、人材配置などに精通した専門家のほうがシナジーに対する示唆を出しやすい。

　その他、製薬や半導体など、製造業の中でも複雑な製造工程を有する業界では、特に業界専門家の視点がほしいところである。

図表4-1：オペレーショナルDDの着目点（例）

営業／マーケティング	研究開発	調達	生産／資材管理	物流／サプライチェーン	アフターセールス／アフターサービス
・営業、サービス体制 ・営業パフォーマンス効果 ・業界／市場のカバレッジ ・マーケティング効果	・ポートフォリオ／パイプライン ・コスト構造 ・リソース／ケイパビリティ ・プロセス／アプローチ	・調達ポートフォリオ ・サプライヤの拠点 ・サプライヤのパフォーマンス ・価格 ・マテリアルグループ・戦略	・生産拠点の配置 ・生産性 ・生産能力と稼働率 ・品質レベル ・資材の流れ	・サプライチェーン計画 ・サービスレベル／デリバリーパフォーマンス ・配送ネットワーク ・輸送コスト	・体制／プロセス ・サービスレベル

バックオフィス機能	・サポート機能（IT、人事、財務など） ・管理能力、競争優位性、KPI
資産	・オペレーション関連の流動資産（製品、需要計画、支払期間およびプロセス） ・CAPEX（投資計画および資産、施設、設備）
事業計画	・リストラクチャリングおよびコスト削減計画 ・期待されるシナジー／ディスシナジー

2 ガバナンス・デューデリジェンス

　M&Aの実行後の被買収企業に対するガバナンス設計は、M&Aを成功に導くためには非常に重要なポイントである。近年、ガバナンスの不備により企業経営に大きな影響を及ぼす事象が顕在化している。特に、海外企業の買収に関しては、買収当時に認識されなかった問題が、しばらくしてから顕在化することも多い。そのような中、対象会社の組織や制度を含めた企業統治に着目したものが、ガバナンスDDである。

　ガバナンスDDは、ガバナンス専門家で組成する場合もあれば、ビジネスDDの一環として実施される場合もある。いずれの場合でも、法務DDと密に連携することが不可欠である。ここでは、ガバナンスDDで検証される代表的な4つのポイントを概説する。

ガバナンスポリシー

　被買収企業のガバナンスに関する基本的な考え方を確認する。具体的には、組織・機能単位別の決裁権限に関する許容度や、決裁に関する考え方、経営状況・事業モニタリングにおけるコーポレート機能の活用方法などであり、被買収企業内のガバナンスに関するポリシー全般を確認する。

グループ会社管理規定

　グループ会社管理規定は、前述のガバナンスポリシーに基づいて規定されている。グループ会社に関して、どの程度の権限を許容し、どのような責任を負わせているかについて明文化された規定をきちんと確認することが重要である。さらに、規定に基づいた運用がなされているかについても、経営層だけではなく、経理・財務や人事などの現場担当へのインタビューを通じて把握しておきたい。

決裁権限の設定

　被買収企業グループの本社・子会社ともに、各組織において役職別にどのような責任と決裁権限が設定されているか確認する。具体的には、組織別に策定される職務規定や投資基準などの社内規定書類をもとに確認する。また、書類による確認に加えて、経営幹部や社員に対するインタビューを通じて、運用状況の実態などについても（必要に応じて、法務DDチームと連携しながら）確認すべきである。

収益管理

収益管理の実態についても確認が必要である。ガバナンス視点で確認すべき収益管理は「収益管理項目と管理粒度」「収益管理体系」である。収益項目と管理粒度は、具体的に組織のどの階層がどういった単位で収益管理しているか抑える。前述した責任と決裁権限設定を踏まえて、収益管理体制がきちんと機能しているか検証する。収益管理体系については、レポーティングのフローや会議体など、収益管理に関する組織体系を確認する。この体系の確認方法の１つに、管理会計に関する報告実態について実際のレポートを精査することがある。確認の結果、報告体系として不備が見つかれば、ポストM&Aにおける必要事項として関係者間で共有される。当該不備の解消に、ITシステム構築などの投資が必要となれば、ビジネスDDと連携して事業計画に反映する必要もある。

ガバナンスDDでは上述した代表的な４つの視点で対象会社のガバナンスの実態について精査する。法務DDにおいても、例えば、対象会社における不祥事や紛争事例など確認されるため、これらの真因がガバナンスに関係していないかという視点でも検討する。また、対象会社のガバナンス実態を把握できれば、買い手のそれと比較し、統合方針の検討に反映することも重要となる。ポストM&Aにおいて、対象会社の経営をどのように管理していくかは、グループ全体のガバナンスポリシーにもよるため、まずはDDにおいてしっかりと実態把握に努めたい。

3 サステナビリティ・デューデリジェンス

ここ数年のうちに、急速にサステナビリティ経営という言葉が広まってきている。また、サステナビリティ経営への転換を目指したSX（Sustainability Transformation）という言葉も生まれている。しかし、そのような経営環境にありながらも、M&A取引の場でサステナビリティを意識した議論がされることはまだ少ない。サステナビリティがいかなる企業にとっても経営の命題となる状況下、対象会社に対してもサステナブルな経営を実行できているかについては、大きな論点となるべきである。例えば、製造業であれば、CSR調達の実施状況や持続・安定的な調達体制の構築状況などが、M&A後の企業活動にも大きく左右する。

このような視点を踏まえて、対象会社に対するDDにおいても、サステナビリティ経営に関する熟達度を確認しておきたい。

サステナビリティ経営度の確認方法として、例えばバリューチェーンやサプライチェーンに沿って、対象業界や買い手が目線とするサステナビリティ経営度に対する充足度合を確認する。SDGs[28]の各項目に関する取り組み度合を確認することも有効であろう。対象会社の事業部のみならず、調達やIR担当など、サステナビリティ経営に関連する間接部門に対しても、広くインタビューなどを通じて確認する。なお、対象会社のサステナビリティ経営度を理解するためには、自社の取り組み状況について明確に把握しておくべきなのはいうまでもない。

4 インテグリティ・デューデリジェンス

インテグリティDD（「コンプライアンスDD」ともいう）とは、個人・組織によるコンプライアンス違反や贈収賄などの不正行為への関与可能性、ビジネス実態や素性などの解明を目的とした調査をいう。

昨今、クロスボーダー取引が拡大し、特に現地独自の商習慣や文化への適応、人的資本獲得を目的として、現地資本とのパートナーシップを組むケースが多い。現地パートナーとの協業の場合、大手・財閥系企業のみならず、グローバルには名の知れないローカル企業や非上場オーナー企業との協業も必然と多くなる。そのような場合、パートナー企業（オーナー企業の場合には個人）のビジネス実態について、不正取引有無や企業の風評リスク、社会的評判などを把握しておくことが、中長期の事業継続上、極めて重要になっている。

昨今の事例でも、贈収賄などのコンプライアンスリスクが高いとされる発展途上国でのクロスボーダー案件において、海外企業との合弁事業開始直後にコンプライアンスリスクが顕在化し、事業が破綻するといったケースがあった。DD期間中にはそのような兆しは一切認識されず、事件発生後に初めて関係者は知ることになるが、時すでに遅く、対処療法的な緊急対応に追われてしまった。本来、潜在的リスクは一連のDDの中で精査されるべきだが、通常のデューデリジェンスにおいては対象会社提出の書類や、関係者のインタビューが中心であるため、

28　持続可能な開発目標（Sustainable Development Goals）は、2015年9月の国連サミットで採択された2030年までの国際目標であり、持続可能な世界を実現するための17のゴール・169のターゲットから構成される。

どうしても限界がある。インテグリティDDでは、現地言語でのデスクトップリサーチや関連当局から入手可能な公開情報をもとに、対象会社ないし個人の誠実性（インテグリティ）に関する調査を実施する。さらに、現地ネットワークを活用した周辺・実地調査により、さらなる深掘りも可能である。

企業や個人の不祥事によりもたらされる損失額は、無限ないし極めて甚大な影響を及ぼす場合がある。一般的に、大手FAS（会計系ファーム）や法律事務所において、Forensicサービスとして、不正取引や経済事件などに関する調査を請け負うことがある。海外におけるM&Aなどでは、対象会社の事業性評価のみならず、合弁相手や経営者らとパートナーシップを組むことに対しリスクを感じる場合には、ビジネスDDとの組み合わせでぜひとも活用を検討したいところである。

第 3 編

企業ステージ別ビジネス・デューデリジェンス

第 5 章

企業ステージの変容

1 企業の類型化

　従前から概説しているとおり、ビジネスDDの実施に当たっては、初めに対象会社の類型的な概観をつかむこととなる。まずは世の中に数多くある企業をどのように類型化できるのか、ビジネスDDにおいて見るべき観点への影響という視点から検討する。

　まずあげられる切り口として「企業の規模」がある。規模とは、従業員数や売上、あるいは上場・非上場といったものが考えられる。中小企業基本法で定められている定義では、製造業は資本金3億円以下または従業員300人以下、サービス業は資本金5,000万円以下または従業員100人以下である企業を指すとある。これに基づくと、国内のほとんどは中小企業であるとされる。当然ながら企業規模によってディールサイズ[29]も変わるため、ビジネスDDにおいて検証すべき論点の選択に影響を与える観点といえる。

　例えば、規模の小さいディールでは、ビジネスDDは財務DDや法務DDと比べて劣後されることが多く、実施範囲を事業計画の検証のみに絞るなど、限定的になる場合がある。しかし、後述の切り口と比較して、対象企業の規模そのものがビジネスDDの論点に大きな影響を与えることは少ない。

　次いで、「業種による類型化」という切り口がある。日本産業分類では、大分類で20の業種、中分類では99の業種が区別されている。この業種による違いは、ビジネスDDで考慮しなければならないポイントとして、論点に大きな影響を与える切り口である。

　例えば、B2B[30]の製造業とB2C[31]の小売チェーンではビジネスモデルが全く異なり、市場環境、競争環境も大きく変わってくる。B2Bの製造業の場合、半年先、1年以上先まで確度の高い売上計画を立てやすく、売上そのものよりも、工場の生産能力、設備投資の要否などが論点になる場合も多い。一方で、B2Cの小売チェーンでは、仕入れに関する計画があっても、消費者にどれだけ受け入れられるかは不透明であり、売上計画の精査やマーケティング戦略などが論点となるこ

29　M&Aの案件規模。一般的には取引金額を指す。
30　Business to Businessの略。主に法人を顧客として製品やサービスを提供する事業の呼称。
31　Business to Consumer/Customerの略。主に消費者を顧客として製品やサービスを提供する事業を指す。

とが多い。業種ごとの論点の違いは、本書の扱うテーマの本筋ではないため割愛するが、ビジネスDDを実施する際に必ず確認すべきポイントである。

規模と業種以外の切り口に「企業ステージ」がある。この言葉自体に馴染みはないかもしれないが、例えば「スタートアップ企業」という言葉は、創業数年以内で従業員数もまだ少ない状況ながら、年々急成長している勢いのある企業といったイメージを持たれることが多いだろう。スタートアップ企業の中には、「ユニコーン企業」といわれるような、時価総額が10億米ドル以上であるために本来は大企業に分類されるような企業も含まれるが、いずれの場合にも共通しているのは、「企業ステージ」において著しい成長の途上にあるということだ。

一方で、M&Aには、財務的に苦境に立たされている企業を扱う事業再生、特定事業を切り出すカーブアウト[32]などを目的とするものも存在する。業種によりビジネスDDの論点が変わることは当然だが、こうした「企業ステージ」という考え方も、論点や進め方に大きな影響を与える。

例えば、事業の拡大ペースが比較的緩やかな成熟した企業は、財務諸表などの過去データを豊富に入手できるため、それらのデータから事業の安定性を分析するケースが多い。一方で、創業数年以内のスタートアップ企業では、急激な成長を遂げている段階にあることから、過去データがほとんど参考にならないことがある。こうした違いが、ビジネスDDを実施するうえでどのような影響を及ぼすのかを解説するために、本章ではまず「企業ステージ」とはどのようなものかについて概説する。

2 企業ステージとライフサイクル

「企業ステージ」の基礎となるフレームワークとして「ライフサイクル」がある。これには多様なものがあるが、一般的に知られているもののうち、製品の段階に着目したプロダクトライフサイクル（以下「PLC」）を例に解説する。典型的なPLCは、以下の4つに区分される。

32　会社が特定事業もしくはその一部を外部へ切り出す手法のこと。業績悪化にともなう事業ポートフォリオ整理の一環として取り組まれることもある。

①導入期

世の中でほとんど認知されておらず、売上が低水準にある製品である。生産体制構築への初期投資や、顧客開拓のためのマーケティング費用などが必要なため、利益はほとんど出ていないか赤字の状況にあることが多い。ただし、市場自体が黎明期にある場合、競合も少なく厳しい競争環境にさらされていないこともある。

②成長期

市場で認知され始め、マーケティング等の費用は引き続きかかるものの、売上成長により利益が創出されている段階にある製品である。「成長期」からは、市場での注目度が高まるにつれて競合プレイヤーによる類似品の参入が始まり、競争環境が厳しさを増していく。

③成熟期

追加的なコストがかからず、規模の経済の効果を享受できるため費用面は効率的である製品である。また、売上高も、成長率こそ「成長期」に比べて鈍化しているものの高水準に推移しているため、結果として利益は最大化される時期になる。一定の規模の経済が効いている場合、新規プレイヤーにとって参入障壁が高くなっているため、少数のプレイヤーで寡占されるケースもあり、競争環境は「成長期」に比べると緩やかである。

④衰退期

市場に新たな技術や代替品が導入されることで、売上が低下していく状態にある製品である。追加的なコストはかからず費用も縮小するが、利益の絶対額も減少傾向にある。市場から撤退するプレイヤーも増えてくることから競争環境はやや緩やかだが、市場自体が縮小傾向にあるため、回復困難な赤字事業となってしまうおそれもある。

このPLCのフレームワークは、「企業ステージ」にも同様の形で当てはまる。もちろん、多くの企業は単一のプロダクトやサービスのみを扱うことはなく、ある製品が「成熟期」にある場合は、そこから生じた利益をもとに、今後成長が見込まれる製品に先行投資することが一般的である。また、仮に単一事業であって

も、世の中のトレンドに合わせて製品やサービスの入れ替えを行っていくことも多い。一定規模以上の企業においては、このように事業を複数抱えており、事業ごとのライフサイクルに鑑みて自社の事業ポートフォリオの最適化を図っていることに留意されたい。

　ビジネスDDは限られた期間（通常1～2ヵ月程度）で実施されるため、製品ごとのライフサイクルを細かく分析することは少ない（なお、製品群単位での分析を行うことは一般的である）。結果的には、事業別にその収益性や競争環境等を分析し、将来の事業計画を作成することになる。本書では単純化のために単一事業の前提で解説を進めるが、実際のビジネスDDでは、成熟期にあたる事業と成長期にあたる事業を複数抱える企業の調査・分析を行うことが多い。

3 企業ステージごとの特徴

　本書においては、PLCのフレームワークを参考としながら、「企業ステージ」の大枠を**図表5-1**のように「スタートアップ」、「成長・成熟期」、「衰退期」の3段階と整理した。

図表5-1：企業ステージの定義

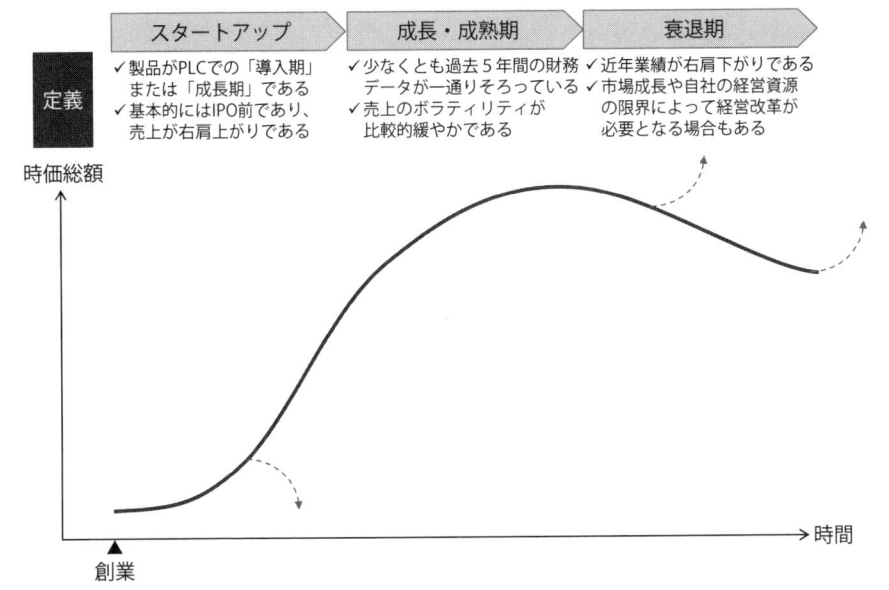

（1）スタートアップ

「企業ステージ」では、PLCにある「導入期」と「成長期」の一部を１つにまとめて「スタートアップ」と定義しているが、「スタートアップ」はその事業の状況等によって観点がさらに異なってくるため、より詳細なライフサイクルを別立てして整理している。

図表5-2にあるように時価総額と投資期間の観点から、スタートアップ企業を「シードステージ[33]」、「アーリーステージ[34]」、「ミドルステージ[35]」、「レイターステージ[36]」の４段階に分類した。

「スタートアップ」の整理においては、財務面・人材面における企業の規模、ビジネスの成熟度などの差異が浮かび上がるが、ぜひ重要な観点である「投資家の違い」に着目していただきたい。ここでは、ライフサイクルごとにどのような投資家が投資するのかという視点から、ビジネスDDおよびM&Aの違いを整理す

図表5-2：スタートアップ企業の典型的なライフサイクル

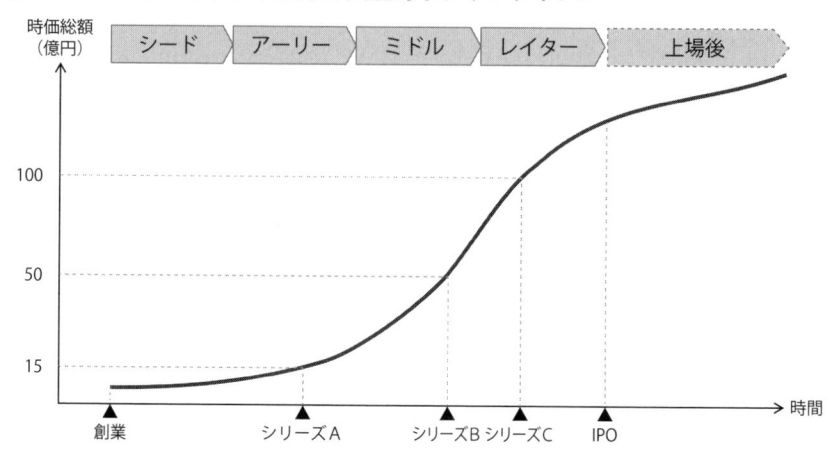

※シリーズA：製品やサービスが提供開始されており顧客基盤が構築され始めた段階での資金調達を指す
※シリーズB：相応に顧客基盤が確立されつつあり、事業拡大に向けて一気にアクセルを踏み始める段階での資金調達を指す
※シリーズC：相応に事業が安定し始めており、IPOを見据え始めた段階での資金調達を指す（なお、以降にD、E…などと続く場合もある）

33　スタートアップのなかでも、コアとなる技術やビジネスアイデア等を事業化に向けて開発している段階に対する呼称。プロトタイプ開発の最中であることも多く、事業の体をまだ成していない状態の企業も含まれる。
34　スタートアップのなかでも、事業立ち上げ直後から成長軌道に入りつつある段階に対する呼称。
35　成長軌道に乗り始めたスタートアップが一定の安定を得てさらに拡大を目指す段階に対する呼称。
36　レイターステージ：スタートアップのなかでも、事業が安定的に成長軌道にある段階に対する呼称。IPOに向けた準備を始めることも多い

る。

　まず、スタートアップを投資対象とする投資家の種類とは、主に次の6つがあげられる。

① エンジェル投資家：創業間もないスタートアップ企業に資金提供をする個人投資家。過去にスタートアップ企業を創業しExit[37]した経験を持つ投資家も多い。

② アクセラレータ：エンジェル投資家同様、創業間もないスタートアップ企業に対して特定の期間、事業の立ち上げを多面的に支援する存在。具体的には場所（オフィス）、資金、メンタリング[38]等を提供しながら、投資家への紹介も行う。一般社団法人や大手企業によるプログラムを通じて行われることが多い。

③ VC（ベンチャーキャピタル）：資本家から資金を集め、スタートアップ企業を専門に投資を行うファンド。VCによって独自の投資テーマがあり、投資戦略（対象とするインダストリーやライフサイクル）や投資後の関与の仕方（資金提供のみ、シードステージからレイターステージまで長期的なハンズオン支援など）にも特徴がある。

④ CVC（コーポレートベンチャーキャピタル）：事業会社がスタートアップ企業との事業連携などを目的として設立するファンド・組織体[39]。本業とのシナジーを狙った投資を行うCVCが多い一方、スタートアップ投資を事業化して財務面のリターンを優先し、必ずしも本業とのシナジーを追求しないような「VC」に類似するものも存在する。事業会社が本体による出資や買収を検討する前に、先行して関係構築をする目的で設立されることもある。

⑤ 事業会社：既存事業の強化や新規事業開発の観点でスタートアップ企業に対して投資を行う。新規事業への参入を目的として「時間をお金で買う」といった側面もあることから、投資対象はミドルからレイターステージが中心である（先端技術への投資という意味で、シードステージ

37　創業した企業を上場させた、ないしは他企業へ売却することを指す。

38　創業間もないスタートアップ企業に対して、自身の持つ経験や知識を基にアドバイスを行い、成長や成熟を促すこと。

39　株式会社や合同会社などの形態で子会社を設立し、そのB／Sによってスタートアップ株式の取得を行うスキームや、事業会社本社のB／Sのうち一部を「投資枠＝バーチャルCVC」として設定するスキームについても、通念上CVCと呼称されているケースがあるため、組織体と表現している。

等への出資も一部散見される）。

⑥　PE（プライベートエクイティ）ファンド：資本家から資金を集め、主に未公開株に対して投資を行うファンド。通常はスタートアップではなく、相応の規模を持ち、安定的に業績が推移している企業を投資対象としているが、近年では数億〜数十億円規模でレイターステージのスタートアップ企業に対して投資を行うことがある。

　以上①〜⑥の投資家の投資対象と、スタートアップ企業のライフサイクルを重ね合わせると、**図表5-3**のように整理できる。なお、本図は図表5-2と合わせて見ていただきたい。

　シードステージ、アーリーステージにおける時価総額は、最大でも15億円程度である場合が多く、そこを主戦場とする投資家は、エンジェル投資家のような個人やVCが中心であり、専門家を迎えて本格的なビジネスDDを行う段階にはな

図表5-3：スタートアップ投資家のタイプ別傾向

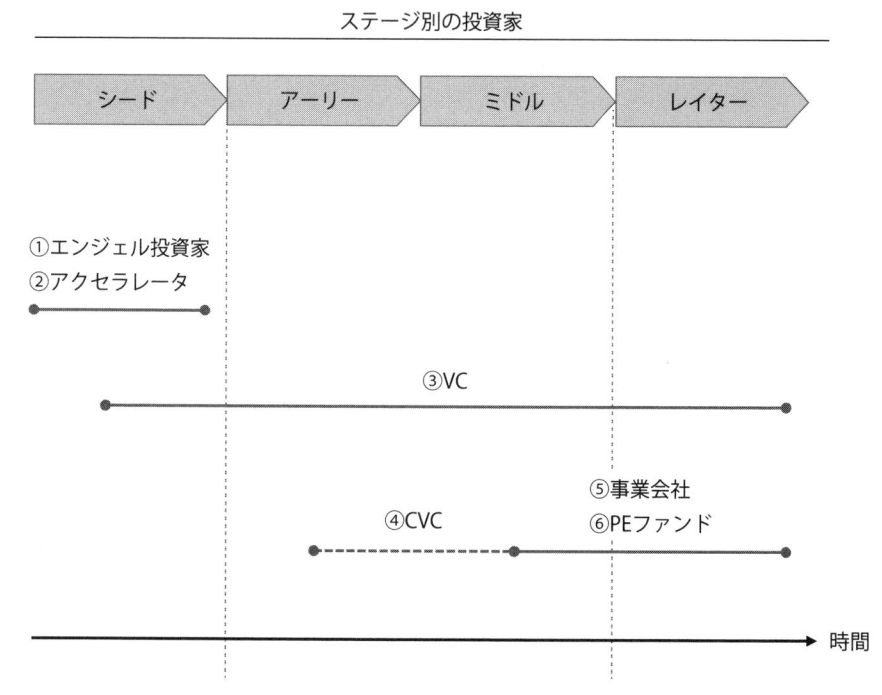

いと考えられる。特に、シードステージはプロトタイプ開発の最中であることも多く、事業の体をまだ成していない状態の企業も含まれるため、本格的なビジネスDDを実施することの有用性は相対的に高くない。

　したがって、後段の「スタートアップ企業に対するビジネスDD」（第6章）では、基本的にミドルステージ、レイターステージの企業に対するビジネスDDを主眼に置いている。ただし、スタートアップに共通的に検討されるべき事項を含んでいるため、アーリーステージの投資においても、一部参考としていただける内容となっている。

（2）成長・成熟期

　続いて「成長・成熟期」の企業について説明する。この定義について本書においては、少なくとも過去5年間の財務データがそろっており、売上の経年変化が右肩上がり、または比較的緩やかな企業のこととする。ただし、過去データを並べたときに、震災・パンデミック・金融危機等に代表されるような突発的な事象の影響を除いたとしても売上が右肩下がりの場合には、その企業は「成長・成熟期」ではなく「衰退期」にあると捉えるべきである。ビジネスDDの実務における「スタートアップ」との違いは、過去のデータの取得可否に寄るところが大きいと認識いただきたい。

　一見成長を続けているように見える企業においても、ビジネスDDで特に注意深く見なければならないポイントが存在する。例えば、過去の売上の年平均成長率（以下CAGR）が10％以下の企業においても、過去推移と照らして安定的に成長していると判断できる場合、通常のビジネスDD手法のアプローチから大きく逸れることは考えづらく、「成長・成熟期」と定義して良いだろう。

　一方で極端な例だが、CAGRが100％のような（毎年売上が2倍となるような）場合は、仮に過去の財務データがそろっていても、そのデータを参照した分析が適切でない可能性が考えられる。このような場合、過去の水準ではなく、今後の成長性に焦点を絞ったビジネスDDが必要となる。企業そのものが一見「スタートアップ」のようなステージになくとも、その性質は本書で定義するところの「スタートアップ」に近いと考えることが適切といえる。単純にCAGRの水準を用いて「成長・成熟期」にあたるかどうかを定量的に判断するだけでは、対象会社が属する市場由来の要因を加味できないままとなり今後の成長性等を見誤る可能

性があるため、不十分といえる。そのため、第6章で紹介する手法の適用性を踏まえた判断が求められる。

（3）衰退期

　最後に、「衰退期」に属する企業は、「成長・成熟期」の企業と同様に、過去の財務データについて豊富に入手することが可能である。しかし、近年の業績が右肩下がりで、「事業再生」が求められる段階にある企業も該当するため注意が必要である。

　「成長・成熟期」の企業と「衰退期」の企業では、ビジネスDDのアプローチは異なってくる。通常のビジネスDDでは、いわゆるシナジーや対象事業の成長余地などポジティブな要素について、最終的な買収価格へどこまで反映するかを含めた検証を行う。一方で、「衰退期」の場合、今後の成長余地よりも、リストラクチャリング[40]の可能性を含め、「今後事業が継続できるのかどうか」という論点について焦点が当てられることとなる。

　例えば、年々売上が低下している小売チェーンを運営する企業であれば、まず不採算店舗の撤退や工場閉鎖・統合等を念頭に置き、人員整理といったドラスティックな施策も考える必要がある。これは、「成長・成熟期」のビジネスDDにおいては優先的に深く検討する施策でない一方、「衰退期」の企業においては企業の存続や再成長を考えるうえで十分な検討を要する事項であるといえる。このことからも、「成長・成熟期」の企業とは明確に区別する必要があることがおわかりいただけるだろう。

40　事業構造の転換にかかる施策のこと。具体的には、工場の再編、事業ポートフォリオの入れ替え、人員整理などがあげられる。

第 6 章

スタートアップ企業に対するビジネスDD

1 スタートアップDDの4つのポイント

「スタートアップ企業」は前述のとおり、設立間もないシードステージから事業基盤が相応に確立したレイターステージまで幅広く存在する。シードステージでは、ビジネスとしてまだ軌道に乗っておらず、売上規模も数億円以下という段階で、エンジェル投資家やVCなどが出資者の大部分を占める。本書の読者層と思われる経営企画担当、M&A担当が想定しているM&Aとは異なると推察され、規模が小さいためビジネスDDを独立して行う必要性も低いことから、本章においては主に一部のアーリーステージ（売上規模10億円前後）からミドルステージ、レイターステージにある企業を想定して解説する。

通常のビジネスDDにおけるプロセスや焦点を当てるべき論点との差異はさまざまだが、特に「スタートアップ」に対してのビジネスDDでは、事業計画や将来への見立ての確度が低くならざるを得ない、言い換えるならば「緩い」傾向にあることを認識しておくべきである。

スタートアップ企業は事業開始から間もないことから、過去のデータも入手困難であり、仮に入手可能でも経理等の社内インフラが十分に整っておらず、検討が可能な水準を満たしていない場合が多いことが考えられ、実際に事業の開始から日が浅いほど、その傾向が強くなる。そのような状況下で作成された事業計画は、相応の規模感・社歴を持つ企業が、過去実績からの積み上げで作成している予算と比較すると、精度が低いのは自明であるといえよう。

ここで重要なことは、そうしたスタートアップ企業の実情を、現場の担当者から最終的な意思決定者に至るまで、十分に理解したうえでビジネスDDに臨むことである。これが共通認識となっていない場合、最終的な意思決定の場で、重要性の低い論点に議論が集中する、対応が困難な指摘が増えてしまうといった事態を招くことになる。そのような状況ともなれば、不必要ないさかいによって、ディール自体が止まってしまうリスクさえ存在する。

加えて、ビジネスDDの期間中に対象会社とコミュニケーションをとる担当者に、こうした前提に対する理解が欠如している場合、相手に対して過剰なデータリクエスト・資料請求をしてしまうことにつながりかねない。対象会社のスタートアップ企業からすれば、「ビジネスの開発や拡大に向けて本業が忙しい中、な

ぜここまで細かいデータや大量の資料を要求してくるのか」などの不信感を持つきっかけとなる。ビジネスDDの時点で信頼関係を棄損してしまった場合、仮にM&Aが成立したとしても、本来の目的を達成できなくなるおそれがあるため、十分に留意する必要がある。

　これらを社内関係者間の共通認識とするためにも、以下の「スタートアップ企業に対するビジネスDDの４つのポイント」を重要な観点として提示したい。

　　①　未来への構想力
　　②　事業の成立要件
　　③　情報が不完全な中での評価
　　④　何をテイクできるかよりも、何をギブできるか

　１つ目のポイントは「未来への構想力」である。特に創業から間もないスタートアップ企業の場合、ビジネスモデル自体が流動的であり、市場そのものが顕在化していないことが考えられる。この状況下において実現できていることは多くなく、あくまでも芽が出始めた状態であるため、現状ではなく将来のビジョン・成長性を評価することが重要である。

　２つ目のポイントは「事業の成立要件」である。多くのスタートアップ企業は、成熟期にある企業と比較して将来性におけるリスクが高く、それらを具体的に列挙することは容易である。そうしたスタートアップ企業に対しては、致命的なリスク（例えば、事業が相応の規模に拡大した後における競争力の持続性、将来性の前提を覆す事業環境変化など）の洗い出しは行うものの、むしろ成長の可能性を支えるカギとなる「事業の成立要件」と、その蓋然性を確認することが重要となる。

　３つ目のポイントは「情報が不完全な中での評価」である。これは本書の中で何度か述べているように、参照できるデータがない場合もあれば、通常のビジネスDDと比較して短期間で行わなければならない場合もあるため、重要な論点に絞った分析が求められる。詳細は後述するが、対象会社の事業計画レビューやバリュエーションにおいても、特有のアプローチが必要となる。

　最後のポイントは「何をテイクできるかよりも、何をギブできるか」である。飛躍的な成長が見込まれるスタートアップ企業には、多くの投資家が殺到しているため、スタートアップ企業側に「選ばれる」必要がある。対象会社から自社が投資家・株主として選ばれるためには、財務的な支援以外に何をギブできるのか

を明確にすることが、成否に影響を及ぼすと考える。

ここからは、具体的にどのような点が「スタートアップ」の場合において異なるのか解説する。

2 事業構造分析

スタートアップ企業に対するビジネスDDの「B-1. 事業構造分析」においては、市場動向、競争メカニズム（およびそれを支える対象会社の技術力など）について、特に注意深く検証する必要がある。

市場動向は、「対象会社が狙う市場がそもそも存在しているのか」という観点から検証することが重要である。対象会社がアーリーステージに近いほど、企図している市場がまだ顕在化していない可能性が高い。通常のビジネスDDであれば、対象会社の所属する業界の調査レポートなどを参考に市場規模を割り出し、その中で対象会社はどの程度のシェアを取れているのかといった分析を行い、市場規模の将来性についても推計をしながら対象会社の成長性と比較をする。

しかし、市場そのものが黎明期にある場合では、どのような条件を満たせば市場が拡大していくのかなどの観点から分析を始める必要がある。当該市場に関する調査レポートがないことも多く、仮に入手可能であったとしても不確実性が高い市場を対象にしているため、これに留まらず有識者インタビューなども活用しながらさまざまな角度から市場規模を推計することが求められる。

図表6-1：ビジネスDDの検討ステップ

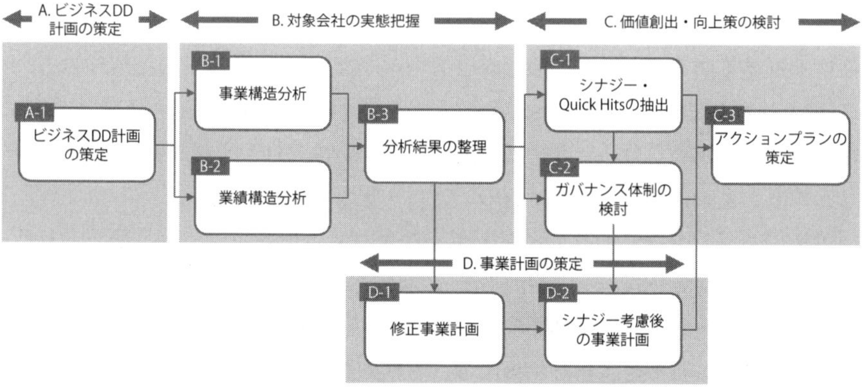

　また、対象会社が認識している市場の範囲が、必ずしも潜在的な市場全体を捉えていない場合も想定される。そのため、対象会社の提供するプロダクトやサービスが、どういった既存市場を代替し得るのかなどの観点から、市場規模を検証していくことも可能である。このとき、将来の市場規模を推定するにあたっては、過去からのCAGR[41]をそのまま用いると過大な評価につながる可能性があるため、潜在的なニーズがすべて顕在化したと仮定した場合の市場規模（TAM[42]）を上限としつつ推計することが肝要である。

　競争メカニズムについても、市場がまだ確立されていないために丁寧な分析が求められる。多くの場合、類似するサービスを提供している競合が存在する。そうした先行者と比較した際に、対象会社が勝ち残れる可能性について検証を行うことが肝要である。例えば、ライドシェアリングのサービスは、提供しているサービス自体に各社の差異が見られにくい（棲み分けが困難）ため、最終的には高い市場シェアを誇る数社に絞られる構造になりやすいと考えられるだろう。一方で、動画配信サービスでは大手数社が熾烈な争いを繰り広げているが、これらのサービスはオリジナルコンテンツで他社と差別化を図ることも可能なため、一定の棲み分けが起こりやすいと考えられる。このように、将来の競争環境の変化も含めて視野を広く持つことで、ビジネスDDの段階で長期的な追加資金ニーズ等にも目を配ることができる。

　また、競争メカニズムを分析するうえでは、将来の競争環境への見立てを持つと同時に、対象会社の技術的な優位性を検証する必要がある。例えば、先行者のいる市場であっても、対象会社の技術が優れており、市場としてよりよい製品やサービスに対する高いニーズがある場合、市場シェアを逆転しうる競争優位性を十分に見出すことができる。技術の評価には専門的な知見が必要なため、外部の技術者やコンサルタントに依頼して確認することが望ましいだろう。

　他方、特許の取得状況や、対象会社が取得している特許と類似の特許を比較した際の優位性分析、海外の先進事例をベンチマークした分析や評価は、外部の専門家を起用せずとも一定程度行うことができる。技術について詳細な分析が必要なケースでは、ビジネスDDに加えてTech DDを行う。参考までに、**図表6-2**ではTech DDを行う際の代表的な論点やスコープについて整理している。検証可否

41　Compound Annual Growth Rateの略称。年平均成長率のことを指す。
42　Total Addressable Marketの略称。新たに立ち上げる事業やサービスが対象とする、潜在的な市場全体を指す。

図表6-2：Tech DDにおける技術の競争持続性評価

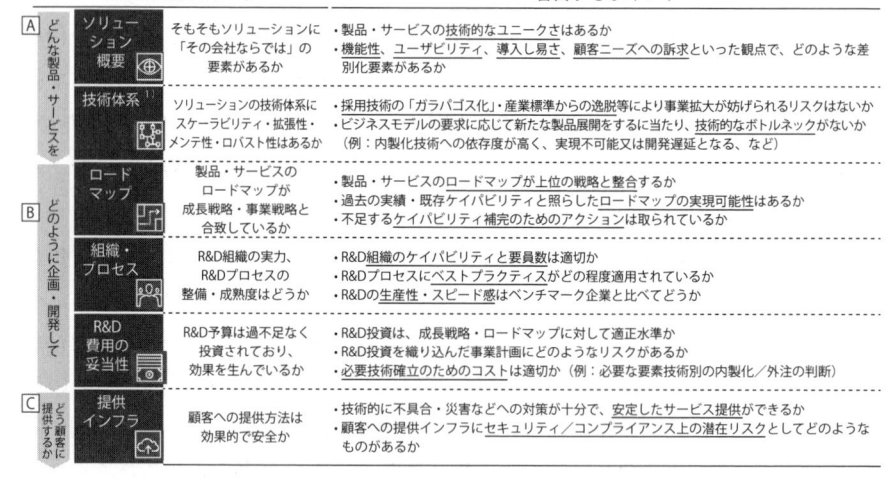

	Tech.DDのスコープ		着目するポイント
A どんな製品・サービスを	ソリューション概要	そもそもソリューションに「その会社ならでは」の要素があるか	・製品・サービスの技術的なユニークさはあるか ・機能性、ユーザビリティ、導入し易さ、顧客ニーズへの訴求といった観点で、どのような差別化要素があるか
	技術体系[1]	ソリューションの技術体系にスケーラビリティ・拡張性・メンテ性・ロバスト性はあるか	・採用技術の「ガラパゴス化」・産業標準からの逸脱等により事業拡大が妨げられるリスクはないか ・ビジネスモデルの要求に応じて新たな製品展開をするに当たり、技術的なボトルネックがないか （例：内製化技術への依存度が高く、実現不可能又は開発遅延となる、など）
B どのように企画・開発して	ロードマップ	製品・サービスのロードマップが成長戦略・事業戦略と合致しているか	・製品・サービスのロードマップが上位の戦略と整合するか ・過去の実績・既存ケイパビリティと照らしたロードマップの実現可能性はあるか ・不足するケイパビリティ補完のためのアクションは取られているか
	組織・プロセス	R&D組織の実力、R&Dプロセスの整備・成熟度はどうか	・R&D組織のケイパビリティと要員数は適切か ・R&Dプロセスにベストプラクティスがどの程度適用されているか ・R&Dの生産性・スピード感はベンチマーク企業と比べてどうか
	R&D費用の妥当性	R&D予算は過不足なく投資されており、効果を生んでいるか	・R&D投資は、成長戦略・ロードマップに対して適正水準か ・R&D投資を織り込んだ事業計画にどのようなリスクがあるか ・必要技術確立のためのコストは適切か（例：必要な要素技術別の内製化／外注の判断）
C どの顧客に提供するか	提供インフラ	顧客への提供方法は効果的で安全か	・技術的に不具合・災害などの対策が十分で、安定したサービス提供ができるか ・顧客への提供インフラにセキュリティ／コンプライアンス上の潜在リスクとしてどのようなものがあるか

1）"Technology Architecture" と称される基本的な設計思想で、製品・サービスに適用される技術の全体像を示すもの

や深度については、DD期間が限られるため対象会社によりさまざまであるが、ソリューションの概要などは事業構造を把握するうえで重要であるため、当然ビジネスDDの範囲でも検討する論点となる。

　このように市場動向と競争メカニズムの分析を進めていくことは重要であるが、そもそもとして法規制上ビジネスが成立しうるのかどうか、という点については忘れてはならない。スタートアップ企業の事業はまだ世にない新たなビジネスであることが多く、新規性が高いために法整備が追い付いていないことが考えられる。このような観点を見逃すことがないように事業構造分析の中で確認する必要がある。

3 業績構造分析

　続いて「B-2. 業績構造分析」においては、レイターステージに近ければ近いほど、過去の業績がわかるデータを取得しやすいが、反対にアーリーステージに近づくほどデータの取得が困難になる。仮に過去実績のデータを取得できても、会計監査が行われていないことも多く、税務基準での会計未処理（減損、評価損、

引当金の未計上など）といった可能性もある。つまり、全般的に財務数値の信頼性は低い状況であることが予想される。

　また、財務数値は整備されていても管理会計の整備ができておらず、予算と実績を対比したデータがない、セグメント別損益、製品別の収益性を把握できない、といった状況も少なくない。このように財務情報・過去実績が得られなかったケースでは、修正事業計画の作成に際し、新規顧客の獲得につながる社外の提携先や販売チャネルの構築状況などの確認や、社内の組織・人員体制や経営陣のプロファイルの確認を通じて業績の連続性を検討することが有効となることがある。

　対象会社外とのチャネル構築状況から検討する場合においては、取引可能性と確度に注目する。例えば、対象会社の事業がB2Bである場合を想定する。すでに何かしらの販売チャネルが構築されており、潜在顧客からの引き合いが相応に来ていれば、過去実績がなくとも今後の業績や将来性について、ある程度確からしい見立てができると考えられる。また、顧客基盤を確立・拡大するために、すでに大手企業と提携をしており、潜在顧客の送客が期待できる状況であれば、提携先へのインタビューなどを通じて将来の業績の予測を行うことも可能である。

　特に、今後売上を大きく伸長させる計画となっている場合には、パイプラインごとに受注可能性について背景を精査しながら、顧客とどの程度取引が進んでいるのかを確認することが重要である。

　対象会社内の状況から検討する場合においては、まずその体制面に注目する。1人当たりの生産性が過去どのように推移してきたかなどの情報は、限られた情報の中でも収集可能性の高い売上高と社員数から大まかな傾向をつかめる。これを通じて、生産性をもとに現在の人員でどの程度伸びる余地がありそうか、対象会社の事業計画を達成するには、どの程度追加人員が必要そうか、分析をすることも可能だ。ただし、影響要因が多数存在し、必ずしも比例するわけではない値であるために、極めて情報が限定されている場合に限って用いるアプローチであることに留意いただきたい。

　業界構造分析の代替策としては、体制面の検証に加えて、特にアーリーステージであるほど、経営陣の略歴やスキル面を確認する。複数年の業績が存在しない場合でも、対象会社の経営陣が過去にスタートアップ企業の経営に携わっていたケースは多い。そのため、経営陣のプロフィールを確認し、マネジメントインタビューなどのコミュニケーションを通じて計画策定者の実力を測ることで、事業

計画の確からしさを検証する一助とすることができる。

　実際に**図表6-3**のように、マネジメントインタビューや投資家からの評価などを総合して、経営陣のケイパビリティを浮き彫りにすることがある。財務等の過去実績がない場合に業績構造分析の代替手段として活用することはもちろんのこと、過年度の財務情報がある程度取得できた場合においても、規模の小さいスタートアップ企業では、成長の担い手である経営陣を理解することが重要となる。

　また、業績構造分析に限らずスタートアップ企業に対するビジネスDD全般において、マネジメントインタビューの重要度は高いといえる。特にアーリース

図表6-3：経営陣のケイパビリティのアウトプット例

XX社経営陣のプロフィールと評価

	XXX氏	XXX氏	XXX氏
役職	Co-founder & CEO / COO	Co-founder & CTO	Co-founder & CFO
経歴	・MBA卒業後に、2021年に当社を創業 ・CTOとは高校の同級生 ・2012-2018年はxxx社にてキャリアを積む	・2021年に当社を共同で創業 ・ドイツのxx社で研究員として働いた後、スタートアップ企業で開発業務に関与	・2021年に当社を共同で創業 ・大学院を卒業後、投資銀行にて3年、投資ファンドにて1年間の勤務後、事業会社の財務部にて10年超勤務。その後MBA留学を経験 ・MBAにてCEOと出会い、誘われる形で創業に関与
アーリーステージ投資家の評価	・会社の良いカルチャーを作り上げた人物 ・ハンズオンの意向が強いが、CEOに拘る場合、今後はチームをマネージする立場に回る必要がある	・**当社の競争優位を発想力と技術的素養で構築** ・本人の押しは強くないが、実質的に経営の向かうべき先を示している	・当事者感は薄い印象 ・今後IPO等を視野に入れて投資家対応をしていくことを考えると別のCFOが必要になるかもしれない
インタビュアーの見立て（マネジメントインタビューを通じて）	・**新規顧客の開拓・既存顧客の深掘りを期待できるのではないか** 　－既に各業界の大手プレイヤーを開拓できている状況 　－新規採用者とのコミュニケーションは良好で、ナレッジシェアも積極的に行い、マネージ力も期待できる	・**今後の事業拡大に向けて必要なビジョンを持っている実質的なリーダーなのではないか** 　－自社製品や競争環境、方針について理路整然と納得感のある説明をすることができる 　－目先の売上に捉われずに製品の完成度を高め、開発タスクを高度に管理	・既存投資家とのコミュニケーション等を担当している模様 ・**CFOとしての経験が浅く、IPOやM&Aの実務経験も多く無い為、今後の会社の成長過程においてやや懸念が残る**

※掲載している情報は全て架空のものであり、実際の人物とは関係ありません

テージ企業では、紙や電子ファイルで資料整理ができていないために開示が困難な場合も多く、マネジメントインタビューを軸としてあらゆる情報を取得する必要がある。

　ただし、マネジメントインタビューを通じて回答を得られても、情報の裏づけとなるファクトや資料を入手できないリスクは残るため、こうしたリスクに対する見方や評価の基準をあらかじめ社内で持っておくべきであろう。裏づけの取れない論点については、そのリスクが顕在化した際の影響額を概算で出しておくという次善策も考えられる。

4　分析結果の整理

　「B-3. 分析結果の整理」については、主に対象会社の事業計画分析において注力すべき事項を中心に、通常のビジネスDDとの差異を解説する。通常のビジネスDDにおいては、①過去実績と比較して違和感のない水準感で推移するか、②大きな収益増を見込む場合どのような施策を考えているのか、③それに対する投資はどの程度行うのか、④それら施策の蓋然性はどの程度か、などを検証していくことになる。

　一方で、スタートアップ企業の場合、当然ながら過去実績から大きく成長する将来図を描いているケースが多いため、損益計算書の財務的な数値だけでなく、計画の実現にはその他のKPIがどの程度の水準に到達している必要があるか、確認しなければならない。

　例えば、業績構造分析の例としてあげた1人当たり生産性も重要なKPIの1つになる。営業人員数の増加を見込まずに売上の大幅な増加を計画している場合には、1人当たりの生産性が非現実的な水準感で向上する可能性がある。そうしたときは、対象会社へのQAなどを通じて、その計画の背景を確認しながら、修正事業計画では人件費のコスト増を織り込むといった修正を行う必要がある。

　その他にも、事業構造分析で特定された市場規模と比較した際に、対象会社が目標としている市場シェア（売上）が不自然なほど小さい／大きい、という点も確認すると良いだろう。技術的優位性があり、市場シェアを伸ばしていくことは十分考えられる一方で、現状二番手、三番手に甘んじているプレイヤーが業界首位へと逆転する、あるいは事業構造分析で概算した市場規模を前提した際に、不

自然なほど巨額の売上高を達成する（高い市場シェアを実現する）事業計画になっていないか検証することが肝要である。

　市場シェアと同様に、顧客数なども説明できないほど不自然に増えていないか確認すべきであろう。現状見えている潜在顧客から極端に増加しているような場合には、事業計画の修正対象となる可能性が考えられる。

　上記のように、財務数値に関連性のあるKPIはさまざまなものが考えられるが、特にスタートアップ企業の場合は、計画達成のボトルネックになるKPIの特定・優先順位づけをしながら確認していくことが重要となる。スタートアップ企業では計画達成のための打ち手を複数考えているケースが多い。例えば、小規模事業者のロールアップ、広告宣伝費投下など、どのような方策を対象会社が想定しているのか、それらに要する費用は適切に計画に織り込まれているかといった点も、QAやマネジメントインタビューを通じて確認することになる。

　なお、事業計画の財務数値とKPI、対象会社が想定している具体的な打ち手を確認しながら、「D-1. 修正事業計画」の作成は行われる。この場合、スタートアップ企業へのビジネスDDにおいても複数のシナリオを作成することが望ましい。通常のビジネスDDにおいても、外部環境や実績達成可能性から、悲観シナリオ、ベースシナリオ、積極シナリオといった複数のシナリオを作成し、目的に応じて使い分ける（例：対象会社との交渉ではベースシナリオを前提に行う一方で、社内の投資委員会ではポテンシャルとして積極シナリオも開示するなど）ことは珍しくない。

　スタートアップ企業に対するビジネスDDの場合、将来の不確実性の高さから、リスクヘッジの目的としても、複数のシナリオを準備する重要性はさらに高いといえる。例としては、**図表6-4**のようなものが想定される。

　これは、B2Cのオンラインサービス事業を行っている架空の企業の事例である。事業構造分析、業績構造分析から得られた結果を整理するなかで、事業計画に与える影響が大きいKPIを特定し、それらが計画期間においてどのように推移するか場合分けを行い、複数のシナリオを作成している。図表6-4は、簡略化のために財務数値に影響を与える主要な3つのキードライバーに絞って整理しているが、実務上は各キードライバーがそれぞれ目指している水準を達成するための施策について、どこまでをベースシナリオと捉えて、どこから積極シナリオと捉えるか、議論を重ねていくことになる。

図表6-4：シナリオ別修正事業計画イメージ（B2Cオンラインサービス事業）

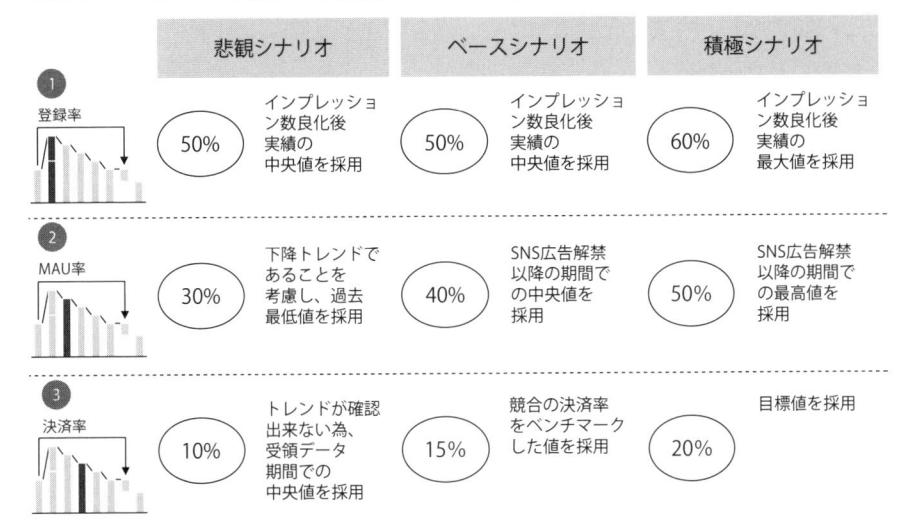

	悲観シナリオ	ベースシナリオ	積極シナリオ
① 登録率	50% インプレッション数良化後実績の中央値を採用	50% インプレッション数良化後実績の中央値を採用	60% インプレッション数良化後実績の最大値を採用
② MAU率	30% 下降トレンドであることを考慮し、過去最低値を採用	40% SNS広告解禁以降の期間での中央値を採用	50% SNS広告解禁以降の期間での最高値を採用
③ 決済率	10% トレンドが確認出来ない為、受領データ期間での中央値を採用	15% 競合の決済率をベンチマークした値を採用	20% 目標値を採用

　ただし、各施策の費用対効果については実際に実行してみなければわからないケースも多い。そのため、計画どおりの費用対効果を生み出さない場合において見切りをつけるタイミングも、ビジネスDDの時点で考慮する必要がある。

5　価値創出・向上策の検討

　最後に「C-1. シナジー・Quick Hitsの抽出」、「C-2. ガバナンス体制の検討」、「C-3. アクションプランの策定」について、スタートアップ企業に対するビジネスDDでの留意点を解説する。

　まずはシナジー・Quick Hitsに関して、通常のビジネスDDでは、買収側の想定としてシナジーなどをアップサイドケースに盛り込むことはあるが、対象会社と直接この点を議論することはあまりない。

　これに対して、対象会社がスタートアップ企業の場合、ビジネスDDの早い段階からシナジーについて対象会社と直接議論することがある。これは成長が見込まれる有望なスタートアップ企業に資金を投下したい投資家が数多く存在することに起因しており、対象会社から「選ばれる」ためには、単なる資金の出し手以上にビジネス上のメリットが求められるためであるといえる。シナジーの具体的

な議論に入る前に、可能であれば前のラウンド[43]に呼ばれた投資家などにインタビューを実施し、事業性などに加えて、対象会社が投資家に期待することを調査しておくとよいだろう。

　次にガバナンス体制の構築については、マジョリティ出資[44]とマイノリティ出資[45]のどちらを想定しているかによって検討事項が変わる。マジョリティ出資では、取締役会における過半数超の任命権など、資本の論理によるコントロールが可能となる。また、特許技術なども含めて、ほぼすべての内部情報にアクセスできる。一方、マイノリティ出資の場合は、資本の論理によるコントロールを効かせにくく、内部情報もそのすべてを開示する義務がないため、協業推進・内部情報の取得に向けては、対象会社にとってメリットがある提案を行う必要がある。スタートアップ企業への出資は、スタートアップ視点でのエクイティ確保のための保有割合調整や、出資者視点での不確実性の高さなどから、マイノリティ出資とするケースが多い。その場合でも、VCを含め他の投資家がいることが多く、対象会社はもちろんのこと、関係者と良好な関係を構築しながら進めることが肝要である。

　なお、当該ラウンドにおいて投資を取りまとめ、往々にしてラウンド最大の出資を行う出資者はリード投資家と呼ばれ、投資条件の調整・交渉やバリュエーション、状況に応じてDDの推進を行う。その他の投資家はフォローオン投資家と呼ばれ、基本的にはリード投資家と必要に応じてコミュニケーションをとり、DD結果を受け取りながら（ときに自社のみの切り口で見たときのDDを補足的に行いながら）、出資意思決定を行うことになる。このように、同じラウンドで出資する別の投資家が存在する場合には、どのような投資家なのか、その思惑は何かということを把握しながら、対象会社と契約を結ぶ際に障害となりうるものの有無を確認しておく必要がある。このような状況下のビジネスDDでは、投資後にどのようなKPIをモニタリングしていくのか、見切りをつけて事業を手放すことを意思決定する基準をどうするかなどについて、投資前に社内および対象会社と共通認識化しておくことが望まれる。

43　スタートアップが資金調達を行う段階、すなわちスタートアップに対して投資が行われる段階のこと。一般的には、シードラウンド、シリーズA、シリーズB、シリーズC…等の名称で推移していき、一般的に後続のラウンドになるにつれて調達総額（＝投資受入総額）の規模が大きくなる（ただし必要額の観点で調達額が少ないケースも存在）。
44　出資比率50％を上回る場合の出資
45　出資比率50％未満の場合の出資

　具体的には、アーリーステージのスタートアップ企業の場合、いつまでにプロダクトの開発が完了し、いつまでにPoC（Proof of Concept：概念実証）を完了させ上市するのかなどのロードマップを事前にモニタリング対象として合意しておくことで、そこから遅延した際のリカバリー施策の検討をスムーズに進めることが可能となる。ただし、モニタリングする際は、必要以上に細かなレポーティングルールを定めることは避けるべきである。スタートアップ企業は、事業が急拡大するなかで人員が不足しているケースが大半であり、月次でのレポーティングを義務づけると、かえって対象会社の大きな負担となり、モニタリングが上手くいかないおそれがある。過剰なモニタリングを避けるためにも、適切なマイルストーンごとのKPIを設定していく必要がある。

　アクションプランの策定は、対象会社が想定している具体的な施策をつぶさに確認し、事業計画との整合性を丁寧に検証することに尽きるといえる。

　すべての施策を財務数値に落としきれなくとも、少なくともいつまでに何をやるのかというロードマップについてはしっかりと確認しておきたい。そのうえで、出資側から資金以外のサポートを想定している場合は、それらの実行タイミングもロードマップに盛り込んで、修正事業計画に反映していく。さらに、各施策・アクションプランを実施するうえでボトルネックとなりそうな事項の洗い出しまで、このタイミングで実施しておくと良いだろう。

　ここまでは、通常のビジネスDDのプロセスに沿ってスタートアップ企業のケースの相違点、より重視される点について述べてきた。繰り返しになるが、「スタートアップ」のステージにある企業は「成長・成熟期」の企業に比べると不確実性が高い。そのような状況下でも、どの程度のリスクならば許容できるのか、情報がない中で、どのように事業計画の蓋然性を確保していくのか、という点を熟考すべきである。どのようにビジネスDDを進めるか悩んだときは、「未来への構想力」、「事業の成立要件」、「情報が不完全な中での評価」、「何をテイクできるかよりも、何をギブできるか」という4つのキーワードに立ち返って、対象会社も巻き込みながら議論することも重要だ。

　最後に、本章はスタートアップ企業を対象としたビジネスDDをテーマとしているが、成熟期の企業に対するビジネスDDであっても、対象会社が新規事業を計画しており、かかる事業の重要度が高い場合は、同様のアプローチをとることが有効となる場合もある点に触れておきたい。

信頼関係の構築が肝

　スタートアップ企業に対するビジネスDD、特に創業間もないアーリーステージでは、市場のデータや過去の対象会社の財務データを入手することは困難なことが多い。そうした状況においては、対象会社の経営陣に対するマネジメントインタビューの重要度が高くなる。特にビジネスDDを実施する時点の従業員が数名で、オーナー企業の側面が強ければ、かかるインタビューの成否がビジネスDDの成否に直結する。

　具体例として、日系企業が海外のスタートアップ企業への出資を検討する際に行ったビジネスDDを紹介したい。対象となった企業は従業員数名で、CEOの影響が非常に強いオーナー企業であった。この企業は日本への進出を考えていたものの、その時点で日本における実績は皆無であり、また国内に類似する技術や市場がなかったため、比較ができるような客観的なデータの取得が困難な状況だった。まさに、マネジメントインタビューでどれだけ情報を引き出せるかが案件の成否を握っていた。

　マネジメントインタビューで重要となるのが対象会社の経営陣との信頼構築である。この事例では、対象会社が日本市場に興味は持っているものの、日本において事業運営を行った経験はなく、特に外部アドバイザーは海の向こうから来た「よそ者」に見えるため、対象会社の警戒心は非常に高かった。現地に赴いてマネジメントインタビューを実施したものの、初回の訪問では対象会社のCEOが激昂し、ビジネスDDのインタビュー、並行して行った財務DDのインタビューのいずれにおいても有益な情報を得ることができなかった。

　帰国後にコミュニケーションの取り方も含めて作戦を練り直してから、再度訪問し、マネジメントインタビューを実施した。2回目のマネジメントインタビューでは、大企業がスタートアップ企業に出資をするとはどういうことなのか、投資委員会でどのような説明をして、そのためにはどのような情報が必要になるのかを丁寧に説明したところ、ようやくCEOに

意図が伝わり、ビジネスDDに必要な情報を入手することができた。

　初回のインタビューで信頼関係が構築できず失敗に終わってしまった理由は、大企業の持つ目線感とスタートアップ企業の持つ目線感のギャップに留意しなかったことにある。警戒している相手に対し、いきなり根掘り葉掘り聞き出そうとすれば失敗に終わってしまう。特にアーリーステージの企業であればオーナー企業気質が強く、自社に対する思い入れは強い。そのため、大企業に飲み込まれるかもしれないという警戒感は自然な反応であり、大企業における管理の粒度で情報を求めてしまうと、どうしても摩擦が生じてしまう。投資する側にとっては意思決定に必要な情報でも、対象会社にその重要性を十分に伝えきれていない状況でのマネジメントインタビューの実施や、QAを通じた資料依頼は一蹴されてしまう。

　このような事態を防ぐためにも、対象会社の負担を考慮しながら社内で必要な資料依頼を取捨選別し、出てくるデータの精度（特に事業計画はバラ色の計画となっていることが多い）に制約があることを、社内で事前に周知することが重要だ。加えて、意思決定を行ううえで必須となる情報について、その情報が必要となる理由や背景を、対象会社に丁寧に説明することが望ましい。このようなコミュニケーションの取り方は、対象会社の経営陣のみならず、先方の担当者に対しても同様にすべきである。対象会社は、複数の投資家から同時にDDを受けている可能性が高く多忙を極めるため、コミュニケーションの巧拙により信頼関係を大きく損ねかねない。

　対象会社とメールや電話でやり取りする際にも、ビジネスDDのみの短期間で終わる関係として割り切った対応をせず、丁寧にコミュニケーションをとりながら人間関係を構築することが重要である。特にM&A担当者の方々は、M&A実行後のPMIフェーズでも対象会社の経営陣・担当者とは長く付き合うことになり、より一層人間関係の構築という観点を重視する必要性がある。

成熟企業が新規事業を立ち上げる際にも、「どのようにPDCAを回していくのか」、「マーケティングROIを最適化していくためにどうしていくか」、「UI・UXを開発できる人材を獲得する必要があるのではないか」など、事業を成長させるために解決する必要があるボトルネックを特定し、対象会社が描くロードマップの確からしさを検証することが必要となる。

　このような場合には、既存事業に対しては過去の実績などをもとに通常のビジネスDDと同様の分析をしつつ、新規事業に対してはスタートアップ企業に対するビジネスDDのアプローチを取り入れるとよいだろう。また、新規事業に対しては、上手くいかなかった場合のリスクを定量化し、どの程度まで許容するかを検討していく必要がある。ただし、新規事業が全事業に占める割合や、既存事業の状況によって、本検討の重要度は大きく変化することに留意していただきたい。

第 **7** 章

再生局面にある企業に対するビジネスDD

1 再生局面にある企業に対するビジネスDDのポイント

本章では、本書のもう1つのメインテーマである、再生局面にある企業に対するビジネスDDの特徴を解説する。第5章で企業のライフサイクルを「スタートアップ」、「成長・成熟期」、「衰退期」の3段階に分けたが、本章ではライフサイクルの最後にあたる「衰退期」の企業を取り扱う。

まず、本章のタイトルが「衰退期」の企業に対するビジネスDDではなく、「再生局面にある」企業に対するビジネスDDである点にご注目いただきたい。

複数の事業を持つ企業において、ある事業は衰退期、ある事業は成長途上、といった状況は一般的であり、そのような背景から衰退期の企業・事業に対するビジネスDDは、あえて説明を分ける必要がない。一方で、衰退期の最終段階にあり会社として倒産するか、あるいは新たな出資者を見つけ再生に向けた道を切り開くか、という選択が迫られている局面においては、通常のビジネスDDとは違ったさまざまな論点が噴出してくる。このような点から、本章ではあえて衰退期ではなく「再生局面にある企業に対するビジネスDD」と銘打って、事業再生の中でビジネスDDを行う際の留意点に焦点を当てていく。

「スタートアップ企業に対するビジネスDD」と同様に、通常のビジネスDDのプロセスと比較した際、再生局面にある企業に対するビジネスDDにおける最も重要な差異は、ステークホルダーの関与度合いに存在する。

再生局面では、通常のビジネスDDにおいて関与が薄い、既存株主と金融機関の存在感が際立つ。これは、再生局面にある対象会社から資金や債権を回収できるのか、リスケジュールや債権放棄を求められた場合の経済合理性はどうかという観点が最大の関心であるために他ならない。例として、ある企業が有する3つの事業の1つが財務的に危機的な状況に陥っており、当該事業を切り離し中核事業だけを存続させた場合を想定する。その際、"企業として"存続しうるのかという論点で、非常に厳しく既存株主や金融機関から追及されてしまうことになる。加えて、金融機関は対象会社の債務者区分[46]が、再生を行うことでどう変化するのかという点に強い関心を寄せる。

46　債務者の財務状況に合わせて返済可能状況をランク付けする際に使用される区分

このような状況下では、事業にかかる分析から修正事業計画の作成に至るまで、すべて保守的に作成することが求められるが、これが通常のビジネスDDとの実務上の違いである。通常はさらなるアップサイド（事業拡大）やシナジーも重要視される項目だが、再生局面においては金融機関にとって不確実性に劣るアップサイドの余地ではなく、いかに蓋然性が高い計画のもと、再生に向けて再出発することができるかということが重要になる。

2 ビジネスDD計画の策定と対象会社の実態把握

ここでは再び第6章で述べたビジネスDDのステップに沿って、再生局面にある企業に対するビジネスDDの差異に絞って説明する（**図表7-1**参照）。

「A-1. ビジネスDD計画の策定」では重要なステークホルダーが異なるという前提を常に意識しなければならない。この影響として、事業計画の蓋然性を強く求められるため、計画は必然的に保守的になる。また、コスト削減等の施策を加味したうえでの資金繰りの推移が既存株主や金融機関にとって重要であり、最大の論点になることをビジネスDD計画策定の段階から頭に入れておきたい。

「B-1. 事業構造分析」についても、保守的な発想から、基本的には各種市場調査レポートのみを用いて分析を進める場合が多い。例えば、有識者インタビューや対象会社へのヒアリングの中で売上拡大に寄与するアップサイドの材料が出てきたとしても、保守的に見れば「今まで獲得できていない競合から奪う」ことの

図表7-1：ビジネスDDの検討ステップ（再掲）

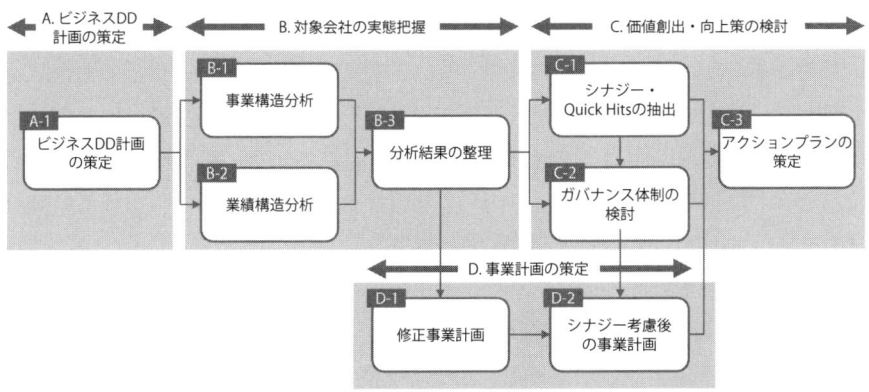

実現性可否を問われることになる。この場合、金融機関の視点からは蓋然性の低い事項として、売上の成長は市場同等かそれ以下とみなされるケースが多い。再生局面にある企業は、不祥事など突発的な事象・インシデントにより急激に財務状況が悪化したような場合を除き、そもそも市場成長が鈍化あるいは衰退しているマーケットに身を置いていることが多い。直近でもあまり市場に動きがなく、今後市場シェアが大きく変動しないことを考えれば、将来の売上も横ばいに近い形になると考えるほうがより自然であるといえよう。

こうした状況では、業績の改善見込みを説明しやすいコスト削減の余地を丁寧に分析していくことが求められる。例えば、通常のビジネスDDでは、固定費と変動費に分け、変動費分を売上に連動させ、固定費の部分は特に施策などがなければ実績の数値を過去実績と同等にするなど、ディールによっては時間をかけない場合もある。

一方で、再生局面のビジネスDDでは、コスト削減による収益改善の可能性は、短期的な改善が見込める蓋然性のある施策であると考えられ、特に拠点整理や人員整理を通じたコスト削減余地を検証することが多い。日本企業では、会社都合で人員削減をすることは容易ではない。しかしながら、再生局面のような危機的な状況では、必要に応じて拠点の閉鎖や事業の撤退にともない、早期退職を募るといった人員削減を行うことも少なくない。積極的な人員削減は行わずとも、新規採用を止めることによって、定年退職の自然減による人員規模の縮小を狙うなどもコスト削減施策として行われる。このように、通常のビジネスDDにおいて修正のレバーとなりにくい固定費として見られることが多い人件費などの項目にも、再生局面のビジネスDDではメスを入れていくことになる。

拠点の閉鎖や事業の切り離しなどはコスト削減の要となるが、実現可能性がどの程度あるのかを検証しなければならない。例えば部品メーカーなどの場合、収益性が悪い場合でもサプライヤーとしての供給責任があるため、簡単に対象となる製品・事業からの撤退はできないことが考えられる。そのような場合は値上げ交渉のような施策が求められ、今後の供給責任を果たすためにも、当該事業の引き取り先、すなわち売却先を探す必要がある。

コスト削減のため、こうした不採算事業の撤退・清算を行う場合には、通常のビジネスDDではあまり分析対象の本筋となりづらいB／S（バランスシート）への影響を分析する必要が出てくる。B／Sの分析は通常財務DDで行われるが、再

生局面では、各事業の特性理解と収益性把握のうえで撤退や清算の実行可能性を考える必要があるため、ビジネスDDの観点に含まれることになる。すなわち、財務DDのケイパビリティがビジネスDDの中で求められるのである。また、いつまで企業が存続できるか把握するためにも、資金繰りがどのように推移していくかを常に注視することにもなる。そのため、通常のビジネスDD以上に財務に関する専門性が求められる点に留意いただきたい。

　なお、最終的に金融機関に債権放棄を求める際には、こうした分析を加味して債権放棄額を検討することになる。

　「B-3. 分析結果の整理」については、後段で再生局面の事業計画作成方法とあわせて詳細に解説するため、ここでは割愛する。

3　価値創出・向上策の検討

　「C-1. シナジー・Quick Hitsの抽出」において、再生局面のビジネスDDでは、不確実性が高いシナジーは金融機関や既存株主に受け入れられにくいため劣後されやすい。しかしながら、買い手企業が同業他社で、再生計画に買い手側とのシナジーがなければ成り立たない状況においては、その限りではない。シナジー関連の分析方法は、特段通常のビジネスDDと変わらないため、ここではあくまで通常のビジネスDDと比較した際に優先順位が下がる傾向にあることを理解いただきたい。

　「C-2. ガバナンス体制の検討」について、外部環境の急激な変化ではなく事業上の理由で業績が悪化してしまった状況においては、通常のビジネスDDと同程度の検証に留まることが多い。一方で、業績悪化の原因が不正やリコールといったガバナンスに起因する場合、当然ながらガバナンス体制に関する論点の重要度は極めて高くなる。ただし、このような場合、ビジネスDDではあくまで不正などが生じたことによる財務的インパクトを事業計画に織り込むことが主たる役割となり、再発防止を目的としたM&A後のガバナンス体制については、リーガルアドバイザー（弁護士法人）や事業再生を専門的に支援するアドバイザーなどが主に検討を支援することになる。

　「C-3. アクションプランの策定」については、通常のビジネスDD以上に具体性が求められる。何をいつまでに行い、それによって対象会社のキャッシュポジ

ション[47]がどのように推移するのか、蓋然性が高くかつ細かい粒度で検討されたものを、修正事業計画とともに提出することが金融機関等から求められる。特に、コスト削減にかかるアクションプラン・リストラクチャリング計画は、債権者が最も重要視するといっても過言ではない。また、ディールがビッド方式[48]であった場合、事業再生計画とそれに紐づく具体的なアクションプランの良し悪しに基づいて、最終的に判断されることが多い。

4 再建計画の策定

「D-1. 修正事業計画の作成」について通常のビジネスDDとの差異を説明する。再生局面にある企業の事業計画は、「再建計画」とも呼称され、通常のビジネスDDで見られる事業計画と異なる観点がある。

前述のとおり、ビジネスDDの事業計画は積極シナリオ、ベースシナリオ、悲観シナリオという３つのシナリオを作成するケースが多い。積極シナリオは一定の蓋然性は担保しつつも、やや不確実な要素も織り込んだ目標に近いシナリオである。ベースシナリオは比較的高い蓋然性を見込むことができる３つの中でも主となるシナリオで、悲観シナリオは不測の事態も加味したシナリオである。ベースシナリオが基本線であることは再生局面においても同様であるが、通常のビジネスDDではシナジーなどを取り込んだ積極シナリオも相応に重要度の高いシナリオとして作成される。

しかしながら、再生局面においては積極シナリオがあまり重要視されないため、基本的には「ベースシナリオ」と「悲観シナリオ」の２つのシナリオを作成することになる。むしろ悲観シナリオが対金融機関という意味において重要になることに留意いただきたい。

事業計画は、一般的に「成行（なりゆき）」と「施策」に分けて作成されることが多いが、再生局面においてベースシナリオと悲観シナリオでは成行と施策の作り方が変化する（以下、**図表７−２**で参考までに一般的な成行と施策の考え方を示す）。

47　手元の余剰資金のこと。具体的には、ある特定の時点における現金および流動性預金のこと。
48　複数の出資候補企業がオークション形式で同時進行的にプロセスを進めること。反対に、１対１で進められるディールのことを「相対（あいたい）方式」と呼称する。

図表 7－2：一般的な計画の構成

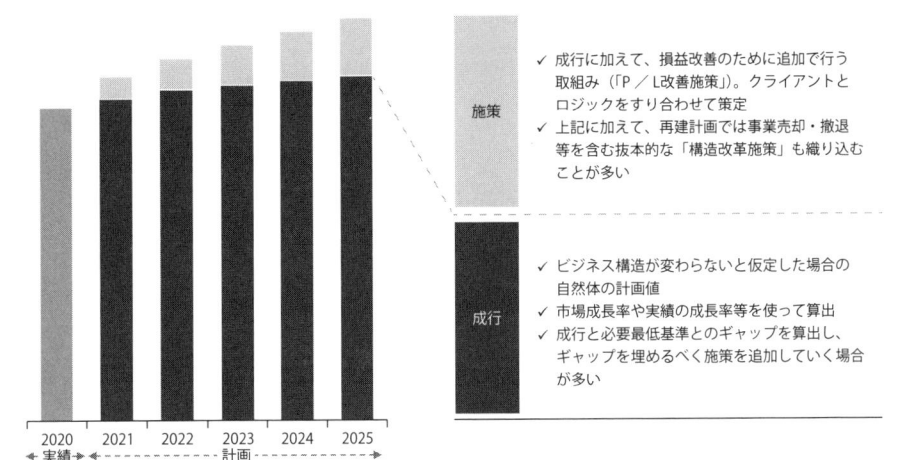

✓ 成行に加えて、損益改善のために追加で行う取組み（「P／L改善施策」）。クライアントとロジックをすり合わせて策定
✓ 上記に加えて、再建計画では事業売却・撤退等を含む抜本的な「構造改革施策」も織り込むことが多い

✓ ビジネス構造が変わらないと仮定した場合の自然体の計画値
✓ 市場成長率や実績の成長率等を使って算出
✓ 成行と必要最低基準とのギャップを算出し、ギャップを埋めるべく施策を追加していく場合が多い

　ベースシナリオでは、成行を市場成長率や過去の売上成長率に基づいて算出する一方、悲観シナリオでは外部環境が悪化する可能性などを考慮してストレスをかけて算定する。施策についても、ベースシナリオは過去に実施済み、もしくは自社のみで取組可能といった蓋然性の高いものを織り込むが、悲観シナリオでは施策の効果額を保守的に減額し、その代わりに減額した理由に対応する形で追加的なアクションを併記することが求められる。

　通常のビジネスDDで作成する修正事業計画との実務的な差異について、P／Lを中心に具体的に解説する。売上高については大まかには変わりがなく、「数量×単価」といった適切な売上構成要素に分解したうえで、対象会社の戦略、市場環境、競争優位性といった3Cの視点を活用しながら、対象会社が作成した計画の蓋然性を検証する。

　違いがあるとするならば、再生局面においては過去との連続性により深く注意を払う点である。2020年頃から感染が拡大したCOVID-19のような感染症の影響は、一過性である可能性が高い、すなわち特殊な要因であると整理できる場合、前提から除くことが必要になる。コストについては、リストラクチャリング計画の前提にもなるため、通常のビジネスDD以上に費目別に細かく精査していく。

　変動費については、例えば**図表 7－3**のように、単に売上高や生産数量に紐づけて推移させるのではなく、原料市況のトレンドなども確認していくことが重要

図表7-3：変動費の見立て作成イメージ

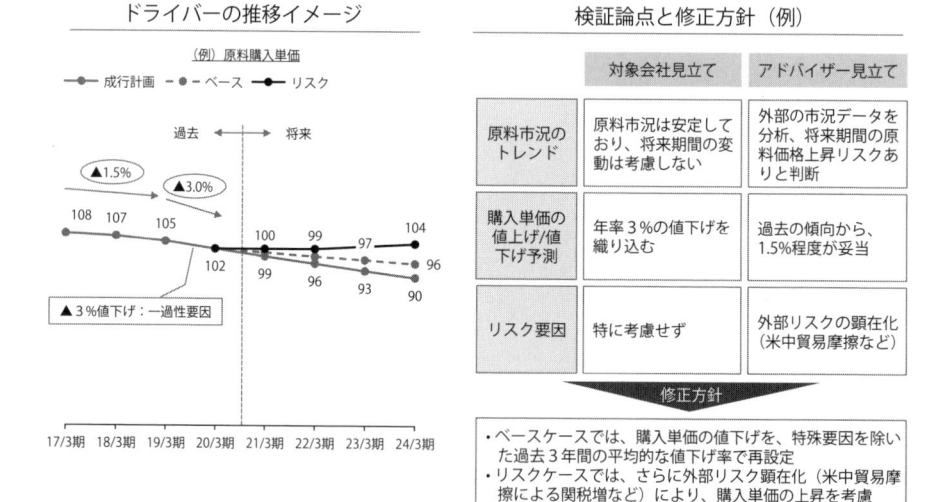

である。原料価格の上昇を顧客に転嫁できないような商習慣において、上昇トレンドにある場合には、変動費率の悪化という形で修正事業計画に反映しなければならない。

その他の費目、例えば労務費では、その推移と各部門が想定している人員計画との整合性を確認する必要がある。人員計画との整合性は、通常のビジネスDDでも売上高が大きく上昇しているにもかかわらず労務費の上昇が限定的であり、実質的に1人当たり売上高が大きく改善している場合などに詳細を検証することが多い。再生局面の場合には、リストラクチャリング計画で人員削減を実行する場合もあり、その基礎情報となる対象会社の人員計画の把握は必須といえる。そのため、売上高とそれを生み出す人員、人員にかかる労務費は必ず精査することが必要といえる。

また、通常のビジネスDDと比べて、再生局面の企業に対するビジネスDDで重要視されるのは、減価償却費である。通常のビジネスDDでは計画期間に投資を予定している場合、減価償却費と整合しているかどうかの確認を行うが、そうでない場合には過去の実績金額を参照することも多く、あまり深い分析を行わないこともある。

一方で、再生局面においては減価償却費そのものが重要というより、対象会社

のキャッシュポジションの維持可能性を検証するために、投資計画を入念に確認する。再生局面に見合った投資計画にすべく、修繕投資などを可能な限り後ろ倒しにできないか、積極的な設備投資を抑制できないかなど、Ｂ／Ｓ項目に対する精査の結果が、Ｐ／Ｌに減価償却費という形で表れる。つまり、減価償却費単体を確認するというよりは、対象会社の投資計画と紐づけて減価償却費がどのように推移しているか、どの程度で推移させるべきかが論点となる。

　事業計画への施策効果の織り込みについては、通常のビジネスDD同様の枠組みとして下記の**図表7-4**で示すとおり、「①販売価格（単価）の上昇」、「②販売数量の増加」、「③セールスミックスの良化」、「④変動費率の低減」、「⑤固定費額の削減」がある。

　これら5つの枠組みに沿って対象会社が考える利益改善施策の具体性（5W1Hの明瞭性）、客観性（過去における類似の取り組み有無、自社単独での遂行可能性など）の観点を踏まえ、計画への反映是非を検討する。

　これらの施策検討は通常のビジネスDDと大きく変わらない、ただし、施策という側面で再生局面特有なものとして、構造改革を実施するための追加施策の検討があげられる。再生局面のディールにおいては、買い手と売り手の合意だけでなく、売り手の他の株主や金融機関の同意が必須となるため、買い手が悲観シナリオを基準とした価格を提示した場合、債権放棄額が大きくなるために金融機関は同意せず、ディールがまとまらないリスクがある。これを避けるため、買い手も一定のリスクの考慮後に、金融機関の目線感と合わせるために、出資後に行う

図表7-4：利益改善施策の5つのパターン

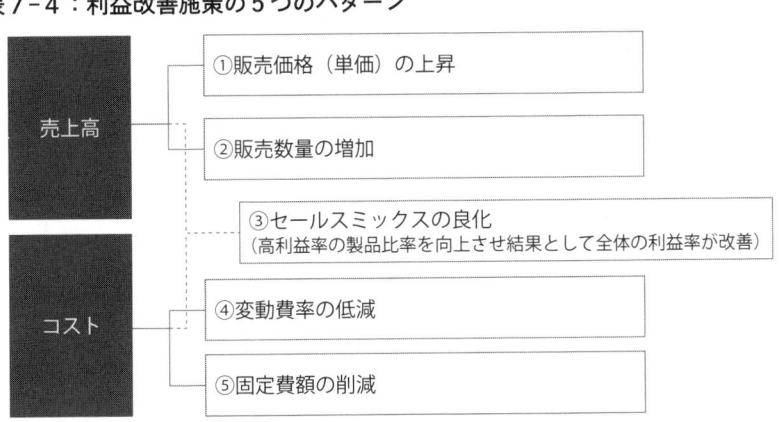

図表 7-5：追加施策による修正事業計画作成イメージ

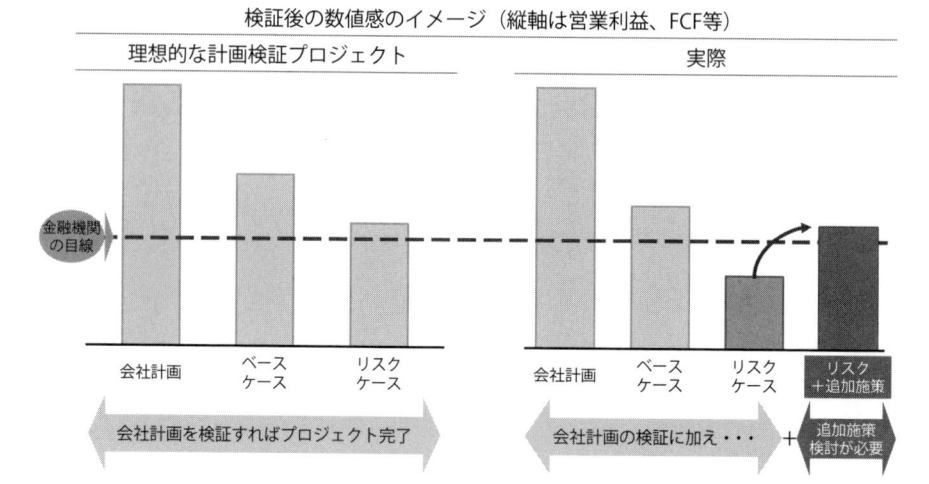

検証後の数値感のイメージ（縦軸は営業利益、FCF等）

理想的な計画検証プロジェクト　　　　　　実際

金融機関の目線

会社計画　ベースケース　リスクケース　　　会社計画　ベースケース　リスクケース　リスク＋追加施策

会社計画を検証すればプロジェクト完了　　　会社計画の検証に加え・・・　　＋　追加施策検討が必要

構造改革とその効果額を追加検討することになる（**図表7-5**参照）。

　追加施策としては、バリューチェーン全体にわたる各種オペレーション改革、または組織改革の中でも自律性が高く（トップダウンの意思決定による実行が可能）、施策効果が大きい項目を中心に検討することとなる（**図表7-6**参照）。

　施策効果が高い例として、事業ポートフォリオ改革があげられる。対象会社が複数の事業を保有している場合、中期的に自力再生が困難な事業から撤退する選択が考えられる。検討の際には、コア事業への影響があるか、契約上の制約がないか、取引先や従業員への影響は許容可能かなどの分析を行う。

　撤退が不可能であれば、少しでも収益を改善するための施策を検討する必要があり、撤退の障壁がない場合は、事業売却か清算を検討する。ただし、事業ポートフォリオ改革は一朝一夕にはできないため、効果が発現する時間軸に注意を払うことが大事となる。

　自律性の高い追加施策の例として、人員整理に向けた希望退職プログラムがある。これは買い手と対象会社のトップによる意思決定で盛り込むことはできるが、実施の際には弁護士や人材会社を巻き込む必要があるため、人員計画、数値計画、実行スケジュールといったところまで目途を立てたうえで、修正事業計画に追加するべきである。

　このような追加施策を、ビジネスDDの限られた時間で修正事業計画に入れ込

図表 7-6：追加施策の検討イメージ

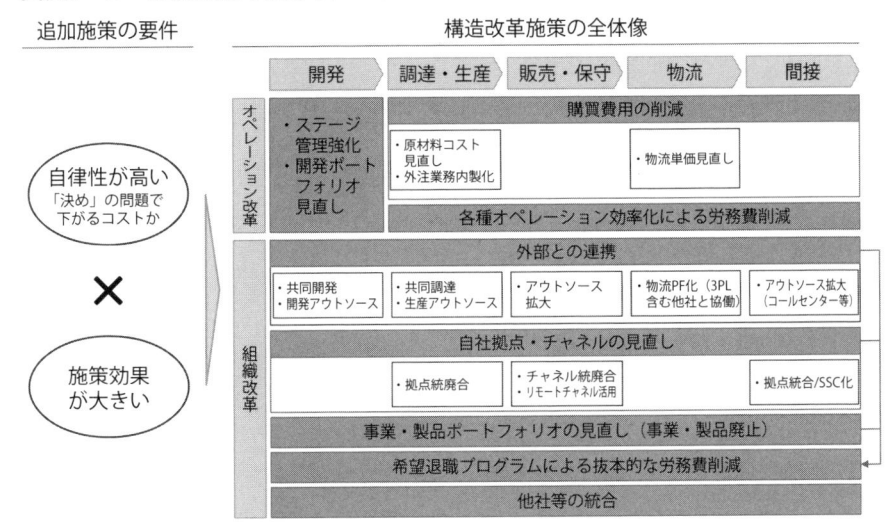

むためには、その方向性について一定程度あたりをつけて検討する必要がある。むやみやたらに追加施策を積み上げても、具体性に欠けていれば金融機関は受け入れることができない。説明に耐えうるためにも、自律性の高さ（蓋然性の高さ）と効果の2軸で評価し、精査したうえで追加施策を絞り込むことが重要である。

その他、再生局面のビジネスDDは、通常のビジネスDD以上に時間的な制約があるため、対象会社と買い手が金融機関説明のために協力しながら計画を作成する場合がある（ディールがビッド方式ではない場合に限る）。また、アドバイザーを起用してビジネスDDを行う場合、金融機関交渉に同席することがあるため、ビジネスDDのアドバイザーにもFAの素養が求められる。

このように、再生局面のビジネスDDは、兎にも角にも金融機関と既存株主の目線感を常に意識する必要がある。また、複数の金融機関と取引がある場合には、ステークホルダーは当然ながら増えることとなり、情報の秘匿性を維持することが大変になる。関連するステークホルダーの多さや置かれた環境などさまざまな観点から、再生案件は特殊性の大きいM&A取引となりうるといえよう。

限られた時間で金融機関から理解を得るには

　再生局面にある企業に対するビジネスDDが、通常のビジネスDDと大きく異なる点は、本編でも言及したとおり、金融機関の目線感があげられる。金融機関は売り手・買い手どちらにも属さない特殊な立ち位置で、なおかつ非常に強い発言力を持つステークホルダーである。リスケ[49]や債権放棄について金融機関から同意を得られなければ、そもそも私的整理が成立せず、どれだけスポンサー（買い手）が意欲的だとしてもディールとしては不成立になる。

　また、再生局面においては時間的な制約の厳しさが特徴的である。通常のビジネスDDも短期間で実施されるが、再生局面では資金ショートのリスクがあるため、企業が存続している間にディールが完了するよう、より速やかにプロセスを進めなければならない。そのため、限られた時間で金融機関を説得することが事業再生の肝であるといえる。

　通常のビジネスDDではVDR（バーチャルデータルーム）を開設し、対象会社からのQA回答やデータを、やりとりに関する一定のルールを設定したうえで受領し進めることが一般的だ。しかし、時間的な制約が厳しい再生局面においては、このような進め方が困難な場合も多い。スポンサー候補が１社の場合、対象会社、買い手、両サイドのアドバイザーがひざ詰めで議論し、一緒に金融機関に説明する再生計画を短期間で作り上げることになる場合も少なくない。

　すなわち、通常のビジネスDDでは、買い手と売り手が議論しながら事業計画を共同で作成することは非常に稀だが、再生局面においては時間が限られていることや、最終的に説得する必要のあるステークホルダーが金融機関であることから、買い手と売り手に一種の協力関係が生まれること

49　リスケジュールの略。借入金の返済期限の延長など条件の変更を行うこと。

もありうるのである。

　このような協力関係が生まれる要因には、金融機関の再生計画に対する見方も影響している。金融機関は融資した資金の回収の観点から、より実現可能性の高い保守的な計画を好み、シナジーなどのアップサイドを受け入れにくい。また売上計画を徹底して検証したうえで、リストラクチャリング余地や再生の可能性を踏まえ、リスケや債権放棄に応じる経済合理性を追求する。

　そのため、金融機関の求めるボトムラインの計画は、買い手と売り手で目線感を合わせやすいといえる。当然買い手はその裏でシナジーやアップサイド余地を検討しながらExitの公算を立てるが、まずはディールを成立させるために対象会社と協力しながら再生計画を策定する。

　実際に再生局面にある企業を対象にビジネスDDを行う場合、金融機関を説得することを念頭に置きながらディールを進めていく。また、ビジネスDDであっても財務DDのようにB／Sに注目する必要がある点も忘れてはならない。資金繰りが上手くいかなければ、どれだけ優れた再生計画であっても元の木阿弥となってしまう。

　そのため、キャッシュ残高とそれに影響を与えるB／S、P／Lの動きすべてに目を配ることが重要であり、金融機関もこの点を必ず確認する。限られた時間の中で、さまざまなステークホルダーと交渉をしながら、B／S、P／L、C／Fすべてに目を向ける必要があるため、再生局面にある企業に対するビジネスDDは通常のビジネスDDと比較して、ハードな案件となりやすい点は否めない。

◇編者紹介◇

PwCアドバイザリー合同会社

PwCアドバイザリー合同会社は、戦略、財務、M&A・再生の高い専門性をもって、クライアントのビジョン実現のために、環境・社会貢献と事業成長の両立を経営の側面から支援しています。PwCグローバルネットワークと連携しながら、クライアントが社会における信頼を構築し、持続的な成長を実現できるよう、最適かつ高い業務品質のサービスを提供します。

PwC Japanグループ

PwC Japanグループは、日本におけるPwCグローバルネットワークのメンバーファームおよびそれらの関連会社の総称です。各法人は独立した別法人として事業を行っています。複雑化・多様化する企業の経営課題に対し、PwC Japanグループでは、監査およびブローダーアシュアランスサービス、コンサルティング、ディールアドバイザリー、税務、そして法務における卓越した専門性を結集し、それらを有機的に協働させる体制を整えています。また、公認会計士、税理士、弁護士、その他専門スタッフ約12,700人（2024年7月時点）を擁するプロフェッショナル・サービス・ネットワークとして、クライアントニーズにより的確に対応したサービスの提供に努めています。

PwCグローバルネットワーク

PwCは、社会における信頼を構築し、重要な課題を解決することをPurpose（存在意義）としています。私たちは、世界151カ国に及ぶグローバルネットワークに約364,000人（2024年6月末時点）のスタッフを擁し、高品質な監査、税務、アドバイザリーサービスを提供しています。

■執筆協力者

及川　雅信

馬場　康輔

柴田　朋治

高橋　正幸

平井　涼真

M&A Booklet

BDDを活かす 各種DDとの連携と応用

ビジネス・デューデリジェンス個別編IV

2025年2月1日　第1版第1刷発行

編　者　PwCアドバイザリー合同会社
発行者　山　本　　　継
発行所　㈱中 央 経 済 社
発売元　㈱中央経済グループ
　　　　パ ブ リ ッ シ ン グ

〒101-0051　東京都千代田区神田神保町1-35
電話　03 (3293) 3371 (編集代表)
　　　03 (3293) 3381 (営業代表)
https://www.chuokeizai.co.jp
印刷・製本　文唱堂印刷㈱

© 2025
Printed in Japan

＊頁の「欠落」や「順序違い」などがありましたらお取り替えいた
しますので発売元までご送付ください。(送料小社負担)

ISBN978-4-502-48341-7　C3334

M&A Booklet

BDDを知る ビジネスDDの全体像と設計

ビジネス・デューデリジェンス 個別編 I　PwCアドバイザリー合同会社 編

ビジネスＤＤの本質と全体的な進め方、計画策定から対象会社の実態把握、価値創出・向上策の検討に至る一連の流れについて、分析・検証の実施内容やポイントについて概説する。

BDDを進める 実態把握とM&Aでの活用

ビジネス・デューデリジェンス 個別編 II　PwCアドバイザリー合同会社 編

事業構造分析・業績向上分析について解説するとともに、その結果を用いて買収対象会社の事業計画の妥当性や修正事業計画策定の検討、分析結果の活用方法などを概説する。

BDDを磨く シナジー検討とビジネスDD技法

ビジネス・デューデリジェンス 個別編 III　PwCアドバイザリー合同会社 編

Ｍ＆Ａにおける買い手と対象会社間のシナジーやアクションプランの策定、ビジネスＤＤ作業を進めるうえでの情報収集と成果物としての表現手法などの基本的技法を紹介する。

BDDを活かす 各種DDとの連携と応用

ビジネス・デューデリジェンス 個別編 IV　PwCアドバイザリー合同会社 編

ＢＤＤとともに実施される法務、財務、税務のＤＤや人事・ＩＴなどの機能ＤＤとの連携と業界により異なるＢＤＤの主要論点を概説し、多様化する派生型のＤＤを紹介する。

中央経済社